BARALHO CIGANO

TRADIÇÃO, TEORIA E PRÁTICA

Copyright © 2020 André Mantovanni.

Copyright © 2020 Editora Pensamento-Cultrix Ltda.

1ª edição 2020./ 6ª reimpressão 2025.

Todos os direitos reservados. Nenhuma parte deste livro pode ser reproduzida ou usada de qualquer forma ou por qualquer meio, eletrônico ou mecânico, inclusive fotocópias, gravações ou sistema de armazenamento em banco de dados, sem permissão por escrito, exceto nos casos de trechos curtos citados em resenhas críticas ou artigos de revista.

A Editora Pensamento não se responsabiliza por eventuais mudanças ocorridas nos endereços convencionais ou eletrônicos citados neste livro.

Ilustrações das cartas de Cristina Martoni.

Editor: Adilson Silva Ramachandra
Gerente editorial: Roseli de S. Ferraz
Gerente de produção editorial: Indiara Faria Kayo
Preparação de originais: Alessandra Miranda de Sá
Capa e projeto gráfico: Lucas Campos / Indie 6 Design Editorial
Revisão: Vivian Miwa Matsushita

Dados Internacionais de Catalogação na Publicação (CIP)
(Câmara Brasileira do Livro, SP, Brasil)

Mantovanni, André
  Baralho Cigano : tradição, teoria e prática / André Mantovanni; [ilustrações Cristina Martoni]. -- São Paulo: Editora Pensamento-Cultrix, 2020.

  ISBN 978-65-87236-13-1

  1. Cartomancia 2. Tarô I. Martoni, Cristina. II. Título.

20-41601   CDD-133.32424

Índices para catálogo sistemático:
1. Tarô cigano : Artes divinatórias : Ciências esotéricas   133.32424
Cibele Maria Dias - Bibliotecária - CRB-8/9427

Direitos reservados
EDITORA PENSAMENTO-CULTRIX LTDA.
Rua Dr. Mário Vicente, 368 – 04270-000 – São Paulo – SP
Fone: (11) 2066-9000
http://www.editorapensamento.com.br
E-mail: atendimento@editorapensamento.com.br
Foi feito o depósito legal.

"Sua visão se tornará clara somente quando você olhar para o seu próprio coração. Quem olha para fora, sonha; quem olha para dentro, desperta."

Carl Gustav Jung

Agradeço aos amigos Humberto Rodrigues, por atravessar este longo caminho com lealdade; Cristina Martoni, por seu talento e alegria, que deram vida a este sonho; e Alex Lepletier, pela generosidade em compartilhar suas observações, que contribuíram muito para a reconstrução do contexto histórico do Baralho Cigano desta nova edição do livro.

Para minha mãe, Claudirce,
que foi o início de tudo.

SUMÁRIO

Prefácio do editor 13

Introdução 17

CAPÍTULO 1
Baralho Cigano – breve história e origens 25
   Origens míticas – o povo cigano 28
   Origens históricas do Baralho Cigano 32
      O Jogo da Esperança 33
      Mademoiselle *Lenormand* 36
   A iconografia do Baralho Cigano 38

CAPÍTULO 2
O Baralho Cigano no Brasil 41
   Surge uma nova escola 44

CAPÍTULO 3
Simbologia e a Escola Brasileira do Baralho Cigano ... 46
   Posições 48
   Cores 50
   Sobre alguns sinais e símbolos 52
   Números 57

CAPÍTULO 4
Interpretação para leitura das cartas do Baralho Cigano 61

1 – O CAVALEIRO – A conquista 63
2 – AS PEDRAS – As dificuldades 65
3 – O NAVIO – As mudanças 67
4 – A CASA – A estrutura 70
5 – A ÁRVORE – A partilha 72
6 – OS VENTOS – Os conflitos 75
7 – A SERPENTE – As traições 77
8 – A MORTE – O fim de um ciclo 80
9 – O RAMALHETE – A felicidade 83
10 – A FOICE – As transformações 85
11 – O CHICOTE – A força 87
12 – OS PÁSSAROS – As alegrias 90
13 – A CRIANÇA – A sinceridade 93
14 – A RAPOSA – Os cuidados e as armadilhas 96
15 – O URSO – A falsidade e as angústias 99
16 – AS ESTRELAS – A iluminação e a sorte 101
17 – A CEGONHA – As novidades e as surpresas 104
18 – O CÃO – A fidelidade e a lealdade 106
19 – A TORRE – A proteção e a espiritualidade 108
20 – O JARDIM – O plantio 111

21 – A MONTANHA – A perseverança e o equilíbrio 114
22 – OS CAMINHOS – O destino e as direções da vida 116
23 – OS RATOS – Os aborrecimentos e os desgastes 119
24 – O CORAÇÃO – Os sentimentos e as emoções 121
25 – AS ALIANÇAS – A união e as associações 123
26 – OS LIVROS – A reflexão e a inteligência 125
27 – A CARTA – As mensagens e os avisos 127
28 – O CIGANO – O domínio e o poder 129
29 – A CIGANA – A intuição e a confiança 131
30 – OS LÍRIOS – A paz e a harmonia 134
31 – O SOL – O sucesso e a plenitude 136
32 – A LUA – O reconhecimento e as mudanças 138
33 – A CHAVE – A abertura de caminhos e as soluções 140
34 – OS PEIXES – A prosperidade e o dinheiro 142
35 – A ÂNCORA – A segurança e a estabilidade 144
36 – A CRUZ – A vitória e a salvação 146

CAPÍTULO 5
Métodos de tiragem 149
  Mesa Real 150
    Interpretação 152
  Roda da Fortuna 153
    Interpretação 154
  Presente, Passado e Futuro 156
    Interpretação 157

Respostas Objetivas – Sim ou Não **157**
Como prever o tempo futuro no Baralho Cigano **167**
    A soma das cartas **167**
    Cartas indicativas de tempo **168**
    Como prever o tempo futuro na Mandala Astrológica Cigana **170**

CAPÍTULO 6

Astrologia cigana **172**
A personalidade dos 12 signos ciganos **174**
    Punhal **174**
    Coroa **175**
    Candeia **176**
    Roda **177**
    Estrela **178**
    Sino **179**
    Moeda **180**
    Adaga **181**
    Machado **182**
    Ferradura **183**
    Taça **184**
    Capela **185**
Mandala Astrológica Cigana **186**
    Método de interpretação **186**

CAPÍTULO 7

A consagração do Baralho Cigano 191
    Materiais necessários 193
    Realização da consagração 193
        Invocação cigana 196
        Oração a Santa Sarah Kalih – protetora do povo cigano 197

CAPÍTULO 8

Baralho Cigano – consultas e atendimentos 199
    A consulta 199
    O ambiente 200
    Preparação de proteção pessoal 201
    Início da consulta 202
    Encerramento da consulta 205

CAPÍTULO 9

Considerações finais 206
    Dúvidas frequentes 208

Palavras finais 218
Referências bibliográficas 222

– PREFÁCIO DO EDITOR –

Conheci André Mantovanni no início deste século, por volta de 2002, em uma Bienal Internacional do Livro de São Paulo. Lembro-me de vê-lo de relance, no estande de uma editora, dando autógrafos aos seus leitores. O que me impressionou foi que aquele autor, que tinha 22 anos na época, escrevia sobre esoterismo, algo que, até aquele momento, era raro para pessoas tão jovens.

Em 2008, quando eu já atuava no mercado editorial havia cinco anos, a primeira edição deste livro foi lançada com o nome de *Tarô Cigano*, uma obra singular por trazer novas referências e significados em algumas cartas, tal como o autor mencionará de forma pormenorizada na nova Introdução, escrita especialmente para esta edição, que foi totalmente atualizada com novos textos, novo tratamento gráfico da arte do conjunto de cartas, além de ter ganhado uma diagramação mais moderna. Em suma, um novo livro, muito diferente das edições anteriores, mas que traz, em essência, os ensinamentos que o tornaram uma das pedras fundamentais para o estudo e o desenvolvimento do Baralho Cigano da Escola Brasileira, da qual André Mantovanni é um dos fundadores, por suas contribuições sobre história, teoria e prática contidas nesta obra.

Além do projeto gráfico inteiramente repaginado, o livro vem agora acondicionado em uma caixa rígida, de padrão internacional de qualidade, editado em capa dura, totalmente colorido e ilustrado, acompanhado de um conjunto de 36 cartas impressas em cartão de alta gramatura, conferindo-lhe mais durabilidade e resistência à ação do tempo. Com relação às cartas, houve muitas modificações para que este baralho se tornasse o mais exclusivo possível em termos gráficos em comparação a qualquer outro, com adaptação das ilustrações originais de Cristina Martoni feita pelo designer gráfico Lucas Campos.

Responsável também pela exímia restauração do *Tarô de Marselha* da Editora Pensamento, o designer deu às cartas do *Baralho Cigano* de André Mantovanni versos *tarotados* – com lindas formas florais em estilo *art nouveau* –, trabalhados dessa maneira para estimular um processo de concentração maior e por se tratar de um padrão artístico abstrato, tornando assim a experiência do consulente desprovida de qualquer ruído mental durante a tiragem. O tratamento das imagens remete à arte gráfica clássica, como era utilizada nos conjuntos de cartas do final do século XIX, no intuito de que quem for utilizá-lo tenha essa referência ligada à tradição de baralhos antigos e ao imaginário popular das ciganas, videntes e cartomantes, que tiravam a sorte em tendas de feiras de variedades naquela época.

A forma como o autor se expressa na nova Introdução, e também nos Capítulos 1 e 2 – com relação às origens míticas e históricas do Baralho Cigano, assim como suas primeiras aparições no Brasil, ainda no século XIX –, é um primor que merece destaque, por sua pesquisa histórica bem-feita e menção a dados importantes sobre outros baralhos que existiam na época, precursores do baralho conhecido no Ocidente como *Petit Lenormand*. No texto, Mantovanni nos conduz por uma verdadeira viagem no tempo, apresentando as múltiplas origens desse jogo, e de que forma seu uso como oráculo foi se tornando popular ao longo das eras, em meio a pessoas de todas as classes e culturas, inclusive entre o próprio povo cigano.

Como sabemos, esse povo foi muito perseguido desde o momento em que sua diáspora teve início há 1500 anos, no Noroeste da Índia, perseguição que continuou durante a Santa Inquisição, perpetrada pela Igreja Católica, e no período do regime nazista na Alemanha, que os confinou e matou aos milhares, por conta de uma das crenças raciais mais absurdas do sinistro regime totalitário comandado por Adolf Hitler: os ciganos (para os nazistas) eram considerados impuros, não mais que "arianos degenerados", os quais não haviam preservado sua herança racial superior, e por esse motivo deveriam morrer para purificar a raça ariana de mestiços e grupos étnicos considerados por eles como seres inferiores.

No Brasil, durante o período colonial, não foi diferente. Há dados um tanto limitados, dos séculos XVI e XVII, sobre a presença desse povo em nosso país, embora seja de conhecimento de alguns pesquisadores a existência de documentos relativos às políticas anticiganas criadas pela Corte Portuguesa.

Segundo o pesquisador Rodrigo Corrêa Teixeira, autor da obra *História dos Ciganos no Brasil*, editada pelo Núcleo de Estudos Ciganos de Recife:

[...] essa documentação referente ao Brasil torna-se menos escassa somente a partir do século XVIII. Isto porque, a partir do reinado de Dom João V, que durou de 1706 a 1750, a perseguição aos ciganos portugueses se acentuou, e dezenas [...] foram degredados para suas colônias ultramarinas, inclusive para o Brasil. No entanto, é bastante difícil, praticamente impossível, determinar quantos ciganos vieram para o Brasil até 1822.

Por volta da segunda metade da década de 1850, os ciganos já tinham presença bem marcante no Brasil imperial. E, tal como o autor demonstra no Capítulo 2, assim que as primeiras cópias do baralho *Petit Lenormand* chegaram ao país, no mesmo período, os ciganos logo se identificaram com ele. De lá para cá, houve um longo percurso para entender o simbolismo do baralho de Madame Lenormand, porque não havia manuais que explicassem seu simbolismo, o que acabou por criar uma interpretação totalmente diversa da versão europeia, gerando, ao longo das décadas, estudos que dariam origem à Escola Brasileira, à qual pertence este conjunto de cartas e seu manual, que agora ganha este cuidadoso – e merecido – projeto gráfico especial e luxuoso, à altura de uma obra tão influente quanto importante para os estudos do Baralho Cigano no Brasil.

Uma obra única, que resgata a sabedoria do Baralho Cigano da Escola Brasileira e traz um visual tanto clássico como retrô/vintage, para que os leitores e estudiosos do assunto entrem em contato com a sabedoria ancestral gravada na memória e no imaginário popular das cartas, e com seu significado em nosso país.

Boa leitura.

ADILSON SILVA RAMACHANDRA, inverno de 2020

INTRODUÇÃO

Quando voltamos nossos olhos para os povos do passado, que possuíam uma vida repleta da noção do sagrado e cultivavam no coração a busca pela sabedoria, notamos uma figura peculiar que parecia se fazer presente a todos eles.

Mesmo separados pelo tempo e pelo espaço, desenvolvendo-se em culturas completamente distintas, os povos antigos compartilhavam um elemento fundamental no seio de sua sociedade: alguns o chamavam de xamã; outros, de sacerdote ou sacerdotisa; outros ainda o conheciam como adivinho, curandeiro, intérprete de sonhos, sábio, conselheiro, profeta, vidente, ou mesmo um rei ou rainha destinado a governar e conduzir seu povo. Sibilas, pitonisas, volvas – são diversos os nomes pelos quais essa figura se fazia conhecer.

Fosse qual fosse o título atribuído a esse elemento fundamental, ele carregava uma marca que o diferenciava dos demais: a capacidade de cruzar o véu do dimensional/temporal que existe entre os mundos, para cumprir o papel de estabelecer comunicação entre os seres humanos e as forças superiores.

Uma das principais funções pelas quais se tornava conhecido e admirado era sua capacidade de prever o futuro e adivinhar os acontecimentos vindouros. Mas essa é uma visão muito superficial do sagrado ofício que desempenhava.

Essa misteriosa figura era a guardiã da sabedoria de seu povo, sempre buscada pelos membros aflitos, que precisavam de cura e aconselhamento para os males que afligiam o corpo e a alma. Como um viajante entre mundos, esse mensageiro mercurial era um agente de equilíbrio, muitas vezes o único capaz de restituir a integridade e o equilíbrio da vida.

Ocupar essa posição era uma das mais sagradas atribuições que alguém poderia receber, e não raro o destino de toda uma nação era determinado segundo suas palavras.

Muitos foram os instrumentos utilizados por esse importante mensageiro: o movimento dos astros, as formas e figuras formadas pela borra de café, as imagens que surgem dentro de uma bola de cristal, a sabedoria e o simbolismo dos números ou dos sonhos, e talvez a mais conhecida dos tempos atuais: as cartas de adivinhação, cujos estudo e prática são chamados de cartomancia. Os baralhos e tipos de carta usados para se comunicar com os planos sutis foram inúmeros no decorrer da história, tendo a função de não apenas transmitir mensagens e acontecimentos do futuro, mas também desvelar a riqueza e complexidade da própria humanidade.

Há um engano quando se pensa que um oraculista olha para fora – seus métodos o ensinam a olhar profundamente para dentro, em direção à própria alma, para, com base nessa visão, compreender o passado, o presente e o futuro.

O trabalho divinatório não nos permite apenas vislumbrar o que vai acontecer, mas nos ajuda especialmente a entender o como ou o porquê – e é esse o verdadeiro conhecimento capaz de transformar para sempre nossa vida e história, pois, ao ganharmos consciência do rumo que estamos tomando, podemos ser agraciados também com a chance de permanecer ou alterar o sentido da caminhada, ou seja, o trabalho divinatório mostra as melhores possibilidades; nunca caminhos pautados na irreal imobilidade das coisas. No universo, assim acima como embaixo, tudo é movimento e existe como probabilidade.

Hoje os tempos são outros; a sociedade mudou. Mas, ainda assim, pelo mundo afora, há pessoas que se voltam aos oraculistas, herdeiros dessa tão antiga função espiritual, para buscar esclarecimento e aconselhamento. E, entre os métodos populares para o trabalho oracular de nossa época, as cartas ainda ocupam papel de destaque, porque sua linguagem simbólica tem o poder de falar diretamente com o nosso espírito.

O Brasil, terra marcada por um povo de fé, que reúne manifestações espirituais das mais diversas, foi o lugar consagrado para um dos baralhos de adivinhação, o Baralho Cigano, encontrar o solo mais fértil a fim de se enraizar e dar novos frutos.

As raízes desse oráculo vêm da Europa, mas foi aqui, em terras brasileiras, que ele encontrou uma cultura repleta de riquezas singulares, prontas para acolhê-lo e nutri-lo, celebrando-se assim um casamento sagrado que viria a presentear o mundo com o nascimento de uma nova abordagem oracular. Essa nova metodologia de uso do Baralho Cigano, que, apesar de ainda preservar suas características essenciais europeias, tem elementos únicos e próprios de nosso país, passou a ser conhecida como Escola Brasileira do Baralho Cigano. É sob essa óptica que vamos estudar e refletir sobre esse oráculo tão especial nas próximas páginas.

A reorganização deste livro, penso eu, tem também a própria história. Eu o escrevi entre os anos 2000 e 2001, e precisei de bastante tempo até encontrar um artista que captasse o espírito da obra e desenhasse cada uma das cartas que comporiam o Baralho deste livro, seguindo minhas intuições e inspirações.

O jogo das 36 imagens deste Baralho já existia em minha mente antes mesmo de saber quem iria concebê-lo. Mas a vida, sempre muito sábia, nos surpreende, e anos depois encontrei uma aluna de Baralho Cigano muito especial.

Conheci Cristina Martoni em 2007, e em 2008 concluímos as 36 cartas deste Baralho, todas pintadas à mão detalhadamente por essa grande artista plástica e estudiosa do esoterismo.

A primeira publicação do livro aconteceu em 2008, e desde o início ele foi muito bem recebido pelo público brasileiro. Seu título original era *Tarô Cigano*. Enquanto na Europa esse oráculo se tornou popular e consagrado pelo nome Petit Lenormand, ao recebê-lo em sua cultura, o Brasil o acolheu pelo nome de Tarô Cigano, com o qual se popularizou em nosso país. Já na época estávamos cientes de que, na verdade, não se tratava de um Tarô, afinal, todo Tarô tem a mesma estrutura: 78 cartas, sendo 22 delas correspondentes aos Arcanos Maiores e 56, aos Arcanos Menores.

O Baralho Cigano é um oráculo completamente distinto, com características singulares, tendo uma estrutura diferenciada e uma riqueza simbólica que fazem dele um oráculo único. O nome Tarô Cigano era, além de uma tendência da época, mais um uso alegórico da palavra "tarô" como um caminho de sabedoria transmitido por meio das cartas, uma rota de autoconhecimento.

Apesar de este livro ainda preservar o mesmo espírito essencial de sua primeira edição, ele traz diversos aprimoramentos e mudanças, a começar pelo próprio título, no qual abdicamos do nome "Tarô Cigano" em preferência de *Baralho Cigano – Tradição, Teoria e Prática*. A mudança do título acompanha a evolução natural desse oráculo em nosso país, celebrando o Baralho Cigano da Escola Brasileira como um sistema divinatório autônomo e pleno em si mesmo.

Esta obra foi publicada por três diferentes editoras, tendo várias edições e reedições de grande sucesso, além de ter sido publicada em espanhol, na Europa em 2018.

Agora, o *Baralho Cigano* chega à Editora Pensamento, ganhando muito mais que apenas uma nova edição gráfica. Ele agrega também um aprimoramento que reflete o amadurecimento da obra em relação ao entrelace de nossa cultura com o Baralho Cigano, e ainda ao aprofundamento de minhas ideias e estudos.

Todos os textos que compõem este livro foram revisados – a maioria deles reescrita e ampliada –, para refletir uma compreensão naturalmente mais desenvolvida e embasada.

Em 2000, enquanto esta obra era escrita, as referências bibliográficas sobre o assunto eram escassas, pouco se sabendo a respeito da história do Baralho Cigano. Hoje, passados vinte anos, quando temos acesso a tantas novas obras, informações e estudos sobre o tema, muitas descobertas foram feitas, reescrevendo e atualizando assim a história deste oráculo. Você encontrará essas atualizações nesta nova edição, que conta com referências bibliográficas totalmente revistas e ampliadas.

Este livro também traz um capítulo inédito, que trata unicamente da Mandala Astrológica dos povos ciganos. Exploram-se nele as características de cada um dos signos do Zodíaco, ocasião em que nos debruçamos sobre esse método de leitura.

Além disso, esta nova edição, como já comentado, possui um novo tratamento gráfico, bem como refinamento na iconografia das cartas O Cavaleiro, Os Ventos, A Serpente, O Chicote, Os Pássaros, A Criança e A Montanha – mudanças cuja necessidade eu e Cristina Martoni já sentíamos havia algum tempo, mas que estavam à espera do momento ideal.

Comemorando vinte anos desde que foi escrito, *Baralho Cigano – Tradição, Teoria e Prática*, publicado agora pela Editora Pensamento, chega como um presente carinhoso aos leitores que sentem no coração um chamado especial para desvendar os mistérios do Baralho Cigano.

Todo o empenho direcionado na concretização deste projeto está agora em suas mãos.

No **Capítulo 1**, viajaremos no tempo para explorar as origens das cartas do Baralho Cigano em um jogo de tabuleiro alemão. Também visitaremos a nobreza da França a fim de conhecer uma mulher intrigante e peculiar para, enfim, entender um pouco mais sobre a história do povo cigano e sua relação com esse sistema oracular. Seguindo a trajetória do Baralho Cigano, chegaremos às terras brasileiras no **Capítulo 2** para entender como nosso país recebeu esse oráculo, integrando-o com rapidez a sua cultura. Entenderemos ainda como o Brasil também se tornou o país onde o Baralho Cigano ganhou mais popularidade e interesse, e como esse movimento deu origem ao desenvolvimento de um novo sistema de leitura e interpretação, com características únicas.

No **Capítulo 3**, vamos decodificar a linguagem que compõe as cartas do Baralho Cigano, analisando cada elemento de sua estrutura de acordo com a iconografia tipicamente brasileira. Entenderemos os significados de cores, números, símbolos e outras representações contidos no Baralho.

Seguindo para o **Capítulo 4**, observaremos com atenção cada uma das cartas, explorando seus significados divinatórios, a fim de podermos desvendar as mensagens expressas em cada uma delas. Este capítulo é essencial para que você possa conhecer mais profundamente o Baralho Cigano e criar familiaridade com as lâminas e seu significado.

No **Capítulo 5**, você aprenderá alguns métodos de tiragem que poderão ser usados nas consultas ao Baralho Cigano, a fim de selecionar o melhor deles para fazer suas perguntas ao oráculo e interpretá-las para si mesmo ou para os outros.

No **Capítulo 6**, nos dedicaremos a estudar a Astrologia cigana e as características de personalidade de cada um dos 12 signos, bem como um último método de tiragem: a Mandala Astrológica baseada na simbologia dos povos ciganos.

Já no **Capítulo 7**, você aprenderá a consagrar seu Baralho Cigano e compreender a importância desse ritual.

No **Capítulo 8**, encontrará as informações necessárias para iniciar, conduzir e encerrar uma consulta, reunindo assim todas as informações dos capítulos anteriores e colocando-as em prática.

Finalizaremos nossa jornada no **Capítulo 9**, explorando dúvidas frequentes relacionadas a tiragens e o verdadeiro significado de se tornar um oraculista.

Apesar de hoje os povos ciganos se encontrarem em diferentes partes do mundo, eles ficaram conhecidos na história como peregrinadores e viajantes que, ao longo de sua migração, tiveram contato com diferentes conhecimentos a respeito do sagrado. Seguindo seu exemplo, faremos nesta obra uma viagem pelo tempo, seguindo por uma senda que buscará as origens do Baralho Cigano, até alcançar sua importância e utilidade nos tempos atuais.

Que você possa aproveitar cada etapa dessa jornada, entrando em contato com a herança histórica e espiritual desta ferramenta oracular tão importante.

Se você chegou até aqui, significa que seu coração ouviu o chamado ancestral para desvendar os mistérios do Baralho Cigano e ser capaz de despertar o mensageiro dessa sabedoria para a humanidade. Trata-se de um potencial que aguarda, em cada um de nós, para se desenvolver e iluminar nossa vida.

Que este livro possa nutri-lo, instigá-lo e conduzi-lo por essa grande jornada de beleza e autoconhecimento.

CAPÍTULO 1

BARALHO CIGANO: BREVE HISTÓRIA E ORIGENS

Desde a aurora dos tempos, a capacidade de prever o futuro e buscar respostas para as dúvidas mais profundas tem fascinado a humanidade. Muitas foram as maneiras pelas quais nossos ancestrais buscaram decifrar os sinais e as mensagens ocultas que falavam sobre a vida deles: a observação das nuvens, a interpretação dos sonhos, a posição e o movimento dos astros, o voo dos pássaros... Todos esses caminhos foram ferramentas usadas para enxergar e entender os acontecimentos vindouros, compreender a si mesmo e o próprio destino.

À medida que a humanidade mudava e evoluía, também surgiram novos oráculos, ou seja, novas ferramentas que permitiriam enxergar o futuro e responder às perguntas que intrigavam a alma humana.

Contudo, hoje em dia, poucos desses métodos de adivinhação são tão conhecidos e procurados quanto a cartomancia – a previsão oracular por meio de cartas. Ao longo dos últimos séculos, diversos sistemas de cartomancia foram desenvolvidos. Entre eles, os mais populares são o Tarô e o Baralho Cigano, este último tendo belos e profundos laços com a espiritualidade do nosso país, onde com certeza o Baralho Cigano é um dos mais populares oráculos, bem como um dos mais utilizados para consultas.

Embora suas raízes estejam na Europa do século XVIII, foi aqui, em solo brasileiro, com um povo naturalmente inclinado à magia, ao misticismo e à diversidade espiritual e religiosa, que esse misterioso baralho pôde florescer de maneira especial, adquirindo novas características, significados e métodos, tanto de leitura quanto de interpretação.

O Baralho Cigano, também conhecido como Tarô Cigano ou Petit Lenormand, conforme já mencionado na Introdução, é formado por um conjunto de cartas numeradas de 1 a 36, cada uma trazendo um símbolo ou imagem principal que dá nome à carta, carregando determinados significados que podem ser interpretados para se prever o futuro, responder a perguntas da vida cotidiana ou até mesmo questões extremamente profundas e complexas. Nesse sentido, o Baralho Cigano pode trazer mensagens importantes para o direcionamento interior e o autoconhecimento de quem o consulta.

Para que possamos entender melhor o Baralho Cigano, devemos voltar nossos olhos às brumas do tempo e nos perguntarmos como ele surgiu. Só assim seremos capazes de compreender em que ele evoluiu desde sua concepção; como se tornou um sistema divinatório tão popular e eficiente.

Antes de colocarmos nossos pés nessa trilha, em busca das origens do Baralho Cigano, precisamos entender que, ao falarmos de qualquer assunto ligado ao reino do esotérico, místico e espiritual, sempre encontraremos duas origens: uma delas é mítica, tratando de raízes espirituais e forças antigas que possam estar implícitas em nosso objeto de estudo; e outra, ligada a sua história, muitas vezes bem diversa, ou mesmo oposta, às lendas e narrativas que tratam das raízes espirituais.

Com o Baralho Cigano não é diferente; todo o folclore e as tradições orais associados a ele nos levarão em uma direção, ao passo que a pesquisa histórica nos conduzirá por um caminho distinto, mas que talvez seja complementar no entendimento dos estudiosos dessa arte divinatória.

Automaticamente, isso nos leva a uma pergunta: qual desses caminhos é o correto? Se for preciso optar por um deles, é natural que nos pareça mais sensato escolher a opção histórica como a mais verdadeira. Entretanto, não nos interessamos pelo Baralho Cigano apenas como artefato histórico, mas principalmente como um sistema divinatório, de caráter esotérico. Por isso, do ponto de vista místico, não podemos considerar apenas os elementos históricos que envolvem o Baralho Cigano; é preciso também compreender as raízes espirituais das quais ele se torna receptáculo e depositário, e que colaboram para formar a imagética e o poder implícitos em suas lâminas. Então, é como se houvesse duas histórias sobrepostas e indissociáveis: uma espiritual e outra histórica. Vejamos cada uma delas separadamente.

ORIGENS MÍTICAS: O POVO CIGANO

As histórias e lendas que acompanham o Baralho Cigano são muitas. Dizem elas que esse era um sistema de cartas ensinado em famílias ciganas, transmitido oralmente, cujo método era secreto e repassado apenas aos membros desse povo.

Ao pensarmos nos ciganos, logo nos vêm à mente imagens de festas com muita música, caravanas coloridas, bolas de cristal, leitura das linhas das mãos e adivinhação por meio de cartas. Tudo isso nos leva à pergunta: quem, afinal, são os ciganos?

É bastante difícil falar sobre o povo cigano, pois suas tradições sempre foram preservadas e transmitidas oralmente, e a maioria dos registros históricos e documentos sobre esse povo foi escrita sob a óptica de outros povos das regiões por onde passaram, e não por eles próprios. Envolvidos em um véu de segredos, suas tradições e costumes são mantidos como um conhecimento interno e reservado. Na atualidade, estima-se que haja em torno de 10 milhões de ciganos pelo mundo afora.

Hoje, há muitos povos ou clãs ciganos diferentes, mas podemos perceber em todos eles ligações linguísticas e culturais, o que acaba caracterizando-os como um mesmo povo. Além disso, há uma semelhança na aparência – os ciganos sempre foram descritos pelos europeus como um povo de pele, cabelos e olhos escuros, indicando uma origem comum e marcando-os como estrangeiros às terras europeias.

Estudos linguísticos, históricos e antropológicos apontam o povo cigano como originário do norte da Índia, mais especificamente de uma área denominada Punjab, localizada entre a Índia e o Paquistão. Sabemos que as bases da língua cigana, chamada romani, são provenientes dos idiomas daquela região, tendo recebido também influência de diferentes dialetos e línguas – fato respaldado mais tarde por pesquisas genéticas indicando a mesma origem geográfica para esse povo.

Entretanto, o caráter nômade dos ciganos fez com que essa língua se desenvolvesse à medida que passavam por diferentes lugares, e, ao compararmos os variados povos ciganos de acordo com os lugares onde se fixaram, perceberemos que acabaram absorvendo características únicas, criando os próprios dialetos.

Os ciganos são um povo tradicionalmente nômade, entretanto, até hoje permanece um mistério o motivo pelo qual deixaram seu local de origem e começaram a viajar pelo mundo.

Sabemos que sua migração teve início no século X, e alguns elementos de seu idioma parecem dar a ela razões militares. As terras do norte da Índia passaram a ser invadidas por uma série de tribos arianas, o que sugere o deslocamento de parte do povo daquela região e o início de peregrinações. Registra-se a passagem dessas tribos por muitos lugares, como Paquistão, Afeganistão e Pérsia. Ali, dividiram-se em dois grupos: um seguindo pelo oeste e chegando à Europa pela Grécia, e outro seguindo ao sul, em direção à Síria, ao Egito e à Palestina.

No início do século XIV, quando alcançaram a Europa, foram recebidos com receio, desconfiança e preconceito, o que levou ao surgimento de uma visão estereotipada e negativa desse povo, que perdura até os dias atuais.

Chegaram à França por volta de 1420, passando por diversas cidades, entre elas, Paris, onde suas habilidades de adivinhação instigaram a população, até que foram obrigados pelo clero a deixar a região e continuar sua migração.

Ao longo da história, foram perseguidos e até mesmo escravizados, com leis específicas que autorizavam a captura e o comércio de pessoas pertencentes ao povo cigano.

A história dos ciganos é marcada pela discriminação, repúdio e violência, tendo sido inclusive perseguidos e dizimados durante o nazismo.

O termo pelo qual ficaram conhecidos na Europa é *gypsy*, mostrando que a visão distorcida dos europeus sobre esse povo já se fazia presente na própria maneira de se referirem a ele. O termo *gypsy* provém de *gyptian*, que por sua vez é uma corruptela de *egyptian* – "egípcio" –, pois os europeus acreditavam que essa era a origem dos ciganos. A mesma origem é atribuída ao termo espanhol *gitano* e ao português *cigano*, e sabemos que esses termos foram usados muitas vezes como sinônimo de "escravos", evidenciando desse modo a visão pejorativa pela qual eram vistos pelos europeus.

Para que pudessem sobreviver, não raro se valiam de suas habilidades ligadas ao entretenimento, como a música, ou mesmo de suas capacidades mágicas: cura por meio de ervas, amuletos e até mesmo técnicas divinatórias, como leitura de cartas ou das mãos, além de contemplação da bola de cristal. Dedicavam-se ainda ao trato de animais e ao trabalho de metalurgia.

Os ciganos chegaram ao Brasil por volta da década de 1570, muitos deles enviados de Portugal para cumprirem pena e exílio na colônia, sob diferentes pretextos.

Hoje, o povo cigano pode ser encontrado em todas as regiões do Brasil, sendo divididos em dois agrupamentos: os *Rom*, provenientes de diferentes lugares da Europa, e os *Calom*, provenientes diretamente de Portugal. Alguns deles vieram acompanhando a corte portuguesa, dedicando-se à função de entretenimento e ao teatro.

Atualmente, a maioria dos grupos ciganos não é mais nômade, e, entre as várias funções que exercem para sua sobrevivência, a adivinhação pela leitura de mãos e cartas ainda tem grande predominância, em particular entre as mulheres.

Os ciganos sempre foram vistos no Brasil como um povo mágico, repleto de mistério, o que nem sempre foi muito positivo, pois essa visão colaborou para mascarar os sofrimentos e as condições precárias em que muitas vezes eram obrigados a viver.

No calendário brasileiro, 24 de maio é considerado o Dia Nacional dos Ciganos – data muito importante, pois pelo mundo afora comemoram-se nesse mesmo dia as celebrações a Santa Sarah Kalih, Virgem Negra padroeira do povo cigano.

Tamanha foi a importância dada à cultura e sabedoria desse povo no Brasil, que, na umbanda, religião originada em solo brasileiro e de natureza tipicamente sincrética, há uma falange espiritual ligada à magia dos ciganos, na qual a história deles foi preservada e esse povo, reverenciado como uma verdadeira força espiritual.

As tradições populares e o folclore do Baralho Cigano nos contam que esse sistema oracular se originou do conhecimento adquirido e preservado pelos ciganos, e que em determinado momento ele teria sido transmitido na Europa, especificamente na França, dando origem ao sistema que hoje é popularmente conhecido. Outras histórias nos dizem que foi por meio de peregrinações que esse povo se deparou com o sistema do Petit Lenormand, incorporando-o então a suas práticas divinatórias de cartomancia.

Atribuir as origens espirituais desse oráculo aos ciganos significa dizer que suas raízes fazem parte da imensa sabedoria coletada e desenvolvida por um povo de profundas tradições místicas. E, como veremos adiante, essa associação ganhou outro sentido quando o Baralho Cigano chegou ao Brasil e encontrou uma cultura popular e religiosa muito diferente da europeia, permitindo que ele se integrasse à espiritualidade popular. Mas, antes de prosseguirmos nessa linha de pensamento, olhemos para as origens históricas desse conjunto de cartas divinatórias.

ORIGENS HISTÓRICAS DO BARALHO CIGANO

Além das raízes espirituais, existe outro caminho a ser percorrido para buscarmos as origens de um sistema oracular: por meio de fatos documentados.

Muitas pessoas ainda desconhecem as raízes históricas do Baralho Cigano, porque até pouco tempo atrás nosso acesso à informação e pesquisa era extremamente limitado. Com a disseminação do conhecimento pela internet, novas descobertas foram feitas e compartilhadas, e assim escreveu-se uma nova história sobre esse oráculo, sendo dela que falaremos a seguir.

O estudo histórico dos sistemas de adivinhação por cartas é sempre envolvido em mistério, e acabou nos revelando que, antes de possuírem um significado mágico e divinatório, os baralhos de cartomancia eram usados para fins lúdicos, ou mesmo pedagógicos, como *livros sem palavras* capazes de transmitir um conjunto de ideias, ideais e significados.

Vemos isso na história do Tarô, por exemplo, cujas lendas e mitos fundadores indicavam o antigo misticismo egípcio como um sistema secreto associado à magia daquele povo. Mas, quando pesquisamos o caminho histórico do Tarô, descobrimos que as origens desse baralho remontam à Itália renascentista, e que ele tinha outras funções antes de se tornar um sistema de adivinhação. Curiosamente, também percebemos que ele pode ser um depositário da sabedoria e do conhecimento da filosofia mágica hermética, remetendo de certa maneira aos saberes egípcios, mesmo que não seja da mesma forma como narrado em suas lendas e folclore.

De maneira semelhante, a primeira referência às cartas e imagens do Baralho Cigano não é encontrada no contexto de adivinhação, mas, ainda assim, essas cartas parecem ser o receptáculo de uma sabedoria e significados mais antigos e próprios, como veremos a seguir.

O Jogo da Esperança

Apesar de a origem divinatória do Baralho Cigano como Petit Lenormand ser popularmente atribuída à França, é para a antiga Alemanha que devemos voltar os olhos a fim de contemplar a origem das cartas que mais tarde se transformariam nesse sistema oracular.

No ano de 1799, Johann Kaspar Hechtel lançou um jogo chamado *Das Spiel der Hoffnung*: "o Jogo da Esperança". Johann faleceu no mesmo ano em que o jogo foi publicado, nunca chegando a testemunhar o que sua criação viria a se tornar alguns anos mais tarde.

O Jogo da Esperança era um jogo de tabuleiro que acompanhava um baralho de 36 cartas. Elas eram dispostas pelo tabuleiro como casas, e os jogadores avançavam por elas usando dois dados, que eram lançados para indicar o movimento. De acordo com a carta onde caíam, os jogadores sofriam determinadas punições ou recebiam recompensas. O objetivo era chegar até a carta da Âncora, e o primeiro a fazer isso seria o vencedor do Jogo da Esperança. A imagem da âncora era popularmente relacionada ao conceito da esperança, e era isso que dava ao jogo seu nome.

Nessas 36 cartas, encontramos as representações das mesmas 36 lâminas que mais tarde se tornariam o sistema de adivinhação do Baralho Cigano, inclusive seguindo a mesma ordem numérica. Mas, além dessas imagens temáticas, como a Árvore, a Âncora ou a Cruz, cada lâmina também trazia em sua parte superior a representação em miniatura de uma carta do baralho convencional em dois formatos distintos: de um lado, a representação em naipes franceses e, do outro, em naipes germânicos. Ao que tudo indica, não havia relação entre essas miniaturas de cartas do baralho convencional e as grandes figuras principais que davam à carta seu nome no Jogo da Esperança, parecendo se tratar de uma distribuição aleatória.

Naipe francês	Ouros	Copas	Paus	Espadas
Naipe germânico	Guizos	Copas	Bolotas	Folhas

Isso permitia a esse baralho, além de ser usado para o Jogo da Esperança, também servir para o jogo regular de cartas em ambos os sistemas de naipe, de acordo com a preferência dos jogadores.

No sistema de cartomancia da Escola Europeia, o Baralho Cigano ainda mantém essas representações de números e naipes franceses; no sistema da Escola Brasileira, eles não são utilizados, tendo desaparecido por completo das cartas, como descreverei no decorrer do texto.

Apesar de não haver uma relação direta entre as cartas do Jogo da Esperança e um sistema de adivinhação, ele trazia em suas instruções uma alternativa de uso do baralho na qual as cartas eram dispostas e o jogador deveria narrar uma história com base na distribuição e posição das figuras. Esse tipo de jogo lúdico nos remete automaticamente a uma ideia de interpretação divinatória.

Teria sido essa a inspiração que fez com que mais tarde as cartas do Jogo da Esperança se transformassem em um sistema oracular? Não parece absurdo supor que sim. Esse também parece ser um costume herdado de baralhos ainda mais antigos, que eram usados para narração de histórias.

Apenas em 1845, ou seja, 46 anos após a publicação do Jogo da Esperança, esse baralho passou a ser editado e comercializado como um sistema divinatório e oracular na Alemanha.

O século XIX testemunhou o florescimento e a rápida popularização de diversos sistemas divinatórios por meio de cartas, e o baralho recebeu o nome pelo qual se popularizou: Petit Lenormand. O termo *petit* ("pequeno" em francês) era muito comum nesses sistemas de adivinhação por cartas, e *Lenormand* fazia referência a uma aclamada adivinha e cartomante que havia falecido em 1843, dois anos antes da publicação do baralho, na França.

Mademoiselle *Lenormand*

Deixemos por um momento a Alemanha e viajemos para a França, a fim de falar sobre essa surpreendente mulher que emprestou seu nome ao Baralho Cigano: Marie-Anne-Adelaïde Lenormand (1772-1843), muitas vezes referida apenas como *Mlle*.[1] Lenormand, uma aclamada personagem do misticismo francês que conquistou popularidade notória devido às suas habilidades para prever o futuro.

Natural da Normandia, ela nasceu no dia 27 de maio de 1772 e perdeu os pais ainda no início da infância. Foi enviada a um convento de freiras para cumprir sua educação formal, e suas primeiras experiências místicas foram narradas já nessa época de sua vida. Por meio de suas visões, a jovem Lenormand foi capaz de prever com precisão improváveis eventos no convento, que mais tarde se comprovariam reais, causando espanto e admiração por sua habilidade e exatidão.

Mais tarde, sua família estabeleceu-se em Paris, cidade onde ela conquistou importante fama como adivinha e mística. *Mlle*. Lenormand não se dedicou apenas à adivinhação por cartas, mas a diversos outros conhecimentos divinatórios, como astrologia, numerologia, cabala, alquimia, dentre outros. *Mlle*. Lenormand escreveu vários livros, nos quais narra sua prática como sibila e profetisa, descrevendo encontros com personalidades importantes da época, como o rei Luís XVIII e o próprio Napoleão, para quem havia feito previsões valiosas e precisas, além de se descrever como confidente pessoal da imperatriz Josefina, esposa de Napoleão.

---

[1] Abreviação para o termo francês *mademoiselle* ("senhorita").

Como vimos, o século XIX foi marcado pelas rápidas propagação e popularização da adivinhação por meio das cartas – e mesmo as proibições oficiais a esse tipo de atividade não parecem, de maneira nenhuma, ter desestimulado tal prática. Conforme seus relatos e documentos históricos, *Mlle*. Lenormand foi detida e interrogada pelas autoridades da época. O motivo, ela nos conta em uma de suas obras, foi justamente ter previsto a separação de Napoleão e Josefina.

Seu trabalho e escritos fizeram sua popularidade crescer cada vez mais, até que conquistasse o título de melhor cartomante de todos os tempos, o que lhe permitiu participar da alta sociedade parisiense, em meio à qual era tida com grande admiração, apreço e estima. Uma mulher de grandes interesses intelectuais, Lenormand usou inclusive o período em que permaneceu detida para escrever e continuar sua produção. Faleceu em Paris, no dia 25 de junho de 1843, deixando uma fortuna acumulada de 500 mil francos.

Após sua morte, diversos baralhos de cartomancia foram publicados e atribuídos à famosa vidente, entre eles, o La Sibylle des Salons, o Grand Jeu de Societé et Pratiques Secrètes de Mlle. Le Normand e o próprio Petit Lenormand, que só mais tarde passou a ser chamado de Baralho Cigano – apesar de a associação com *Mlle*. Lenormand ser mais popular na Europa, e o nome Baralho Cigano ter se consolidado fortemente no Brasil.

As lendas em seu entorno nos contam que ela teria aprendido esse sistema de cartomancia ao ter contato com os povos ciganos; ou, mesmo que tenha sido um baralho criado por ela, não há evidências históricas para embasar nenhuma dessas teorias. Hoje em dia, os estudiosos do Petit Lenormand acreditam que esse baralho, produzido a partir do Jogo da Esperança na Alemanha, tenha sido associado à figura da cartomante por razões meramente comerciais.

Neste ponto, cabe dizer que é muito importante não confundirmos o Petit Lenormand com o baralho que mais tarde ficou conhecido como Grande Lenormand (Grand Jeu de Mlle. Lenormand), composto de 54 cartas e com estrutura própria, diferente da do Baralho Cigano.

A ICONOGRAFIA DO BARALHO CIGANO

O Baralho Cigano é formado por um conjunto de 36 símbolos, cada um deles representado em uma carta diferente, que carrega determinados significados. Como vimos, a primeira vez que esses símbolos foram agrupados para compor um único baralho foi em 1799, com a publicação do Jogo da Esperança. Contudo, mesmo antes disso, já existiam muitas das imagens e representações do Baralho Cigano em cartas ainda mais antigas, algumas delas inclusive associadas à adivinhação. Dentre estas, um baralho de 1796 publicado em Londres, chamado *Les Amusements des Allemands*, vulgarmente conhecido como "Cartas da Borra de Café", contendo 32 cartas, várias delas semelhantes às do Baralho Cigano. Esse jogo era acompanhado de um livro de interpretações cujos significados oraculares eram retirados justamente das imagens da cafeomancia – a arte de interpretar as imagens da borra de café –, tendo sido editado dois anos antes (em 1794) em Viena, na Áustria.

Como já dissemos, o Jogo da Esperança retirava seu nome da carta que assinalava a vitória do jogo, a Âncora, que, nesses baralhos mais antigos, já possuía esse significado. No baralho das Cartas da Borra de Café, por exemplo, a mensagem que acompanha a carta da Âncora remete à esperança da realização dos desejos; e, em outro baralho chamado *Hooper's Conversation Cards*, conhecido no Brasil como "Cartas de Hooper", publicado na Inglaterra em 1775, a carta intitulada como "Esperança" traz a representação da imagem de uma âncora. Esse baralho era utilizado em um jogo no qual as cartas serviam para se criar uma história. Cada jogador escolhia uma carta e a usava como inspiração para dar continuidade à história – e, como podemos perceber em termos de evolução desses jogos, esse *deck* também estava relacionado à adivinhação.

Isso acontece porque, como ocorre com qualquer outro instrumento oracular, as imagens utilizadas fazem parte do imaginário popular e da simbologia comum à época. São todos elementos evocativos de uma mesma cultura, desenvolvida em determinados tempo e lugar, cujos significados eram mais ou menos intuitivos, pois estavam carregados de um sentido próprio e compartilhado pelos membros da sociedade onde surgiram.

É por isso que muitas vezes atribuímos aos baralhos divinatórios uma importância também pedagógica em seu contexto histórico: eles se tornam depositários de valores fundamentais daquela cultura que precisavam ser reforçados e transmitidos. É justamente isso o que observamos em relação ao Baralho Cigano: uma reunião de símbolos culturais que retratavam o cotidiano, além de elementos diretamente associados ao sistema religioso vigente da época: o cristianismo. A associação da figura da âncora com a ideia de esperança no cristianismo pode ser atestada no Novo Testamento, em Hebreus 6:18,19:

> Para que por duas coisas imutáveis, nas quais é impossível que Deus minta, tenhamos a firme consolação, nós, os que pomos o nosso refúgio em reter a esperança proposta;
>
> A qual temos como âncora da alma, segura e firme, e que penetra até ao interior do véu.

A âncora é um símbolo que esteve associado ao cristianismo desde os seus primórdios, e que, se observarmos bem, contém em sua parte superior a imagem de um crucifixo. Além disso, com a Esperança, os conceitos de Fé e Amor compõem o que se chama de "as três virtudes teologais" do cristianismo, popularmente representadas como uma âncora, uma cruz e um coração – três das cartas do Baralho Cigano.

Isso quer dizer que os significados atribuídos originalmente às cartas do Baralho Cigano não eram aleatórios, mas associados ao simbolismo dessas imagens na Europa do século XIX.

Compreender esses pontos é fundamental para o que vem a seguir: o Baralho Cigano chegou ao Brasil, e suas imagens passaram por um processo natural de reinterpretação, de acordo com a cultura popular vigente em terras brasileiras, dando origem a um novo sistema de leitura, que ficou conhecido como Escola Brasileira.

CAPÍTULO 2

O BARALHO CIGANO NO BRASIL

Como vimos, a primeira publicação do Baralho Cigano, ou Petit Lenormand, se deu na Alemanha, por meio da releitura das cartas do Jogo da Esperança. Cada lâmina desse baralho possuía, além da figura principal que caracterizava a carta, a representação de uma carta de baralho comum em sua parte superior. Com a promessa de compartilhar os segredos da famosa cartomante *Mlle.* Lenormand e tornar seu método acessível a todos, o baralho se disseminou com rapidez, ganhando popularidade. O fato de cada carta trazer representações de figuras do cotidiano, repletas de significado, também fazia dele um oráculo de interpretação mais acessível que outros sistemas de cartomancia.

O baralho acompanhava um livreto interpretativo que trazia métodos de tiragem e o significado das cartas. Dentre esses métodos, havia aquele conhecido como Grand Tableau – a Mesa Real –, que utilizava as 36 cartas do Petit Lenormand, abertas como um grande tabuleiro, para fazer sua interpretação. Esse sistema de leitura com 36 cartas já era bastante popular nos métodos de cartomancia da França, passando a ser incorporado também ao Baralho Cigano.

À medida que o baralho ganhava popularidade, diferenças regionais em sua interpretação começaram a surgir naturalmente, em especial entre os sistemas da Alemanha, França, Suíça e Bélgica. Apesar dessas pequenas diferenças, esse sistema de leitura do Baralho Cigano passou a ser chamado de *Escola Europeia*.

É importante destacar que a popularização desse oráculo em terras europeias não se deu por meio de sua associação com o nome dos ciganos. Sabemos que alguns desses baralhos foram publicados na Europa com nomes que faziam referência direta aos povos ciganos, mas o que provocou o grande sucesso do oráculo na Europa foi sua associação com o nome de *Mlle*. Lenormand e sua fama como oraculista e vidente. Apenas em terras brasileiras esse sistema se popularizaria mais tarde com o nome de Baralho Cigano.

O Petit Lenormand chegou ao Brasil pelo Rio de Janeiro na segunda metade da década de 1850, importado da cultura parisiense, que naquela época exercia forte influência sobre a sociedade brasileira. Logo ele se espalhou e se popularizou entre videntes e cartomantes cariocas, entre eles, os próprios ciganos, famosos por sua habilidade de prever o futuro. Entretanto, havia aí um problema: apesar da rápida popularidade que o Petit Lenormand conquistou por aqui, a ausência de manuais interpretativos em língua portuguesa tornava impossível que esse oráculo pudesse ser utilizado da mesma maneira como havia se disseminado na Europa. Isso quer dizer que, apesar da rápida assimilação das cartas pela cultura popular brasileira, a carência de informações técnicas sobre o baralho fez com que ocorresse uma natural reinterpretação de suas cartas, dando origem ao que hoje chamamos de *Escola Brasileira*. Podemos afirmar, sem sombra de dúvidas, que o Brasil foi o país onde esse sistema oracular foi mais difundido e utilizado.

Dois elementos foram fundamentais para que essa releitura se tornasse possível: o primeiro deles foi o caráter cotidiano dos símbolos trazidos nas cartas, que permitiam associações diretas com elementos presentes na cultura da época. No capítulo anterior, falamos sobre como a imagética das cartas surge com naturalidade de um contexto cultural, em que os símbolos trazem, também com naturalidade, os significados que são próprios daquele povo e lugar. Quando o Baralho Cigano chegou ao Brasil e se deparou com uma cultura tão diferente, esses mesmos símbolos comuns passaram a receber significados próprios, gerando uma diferença interpretativa das mesmas cartas entre Brasil e Europa.

O segundo elemento que fez com que a releitura do significado fosse possível foi sua inserção nas religiões brasileiras de matriz africana (nas quais se fazem, inclusive, culto e reverência ao povo cigano), que passou a enxergar nas cartas do Baralho Cigano referências à sua própria mitologia e à simbologia de seus guias espirituais e Orixás, sincretismos tão presentes nessas religiões.

Com essa releitura, as cartas do Baralho Cigano passaram a ser editadas no Brasil com algumas diferenças substanciais em relação às cartas do Petit Lenormand europeu. A primeira delas é que a associação de cada lâmina com uma carta do baralho convencional foi removida – os baralhos brasileiros trazem apenas a imagem principal que dá seu nome à carta. Também notamos uma variação na própria simbologia de certas lâminas: a carta europeia de número 2, por exemplo, o Trevo, transforma-se na carta das Pedras na versão brasileira; a carta do Caixão passa a ser chamada de A Morte, e as cartas 28 e 29, o Homem e a Mulher, transformam-se no Cigano e na Cigana.

Não percebemos apenas diferenças em imagens, nomes e significados das cartas, mas também em tiragens e métodos de jogar. Por isso, podemos dizer que em terras brasileiras o Baralho Cigano encontrou um solo fértil de cultura e espiritualidade que possibilitou o surgimento de um novo sistema de cartomancia, próprio de nosso país e com raízes profundas em elementos singulares.

SURGE UMA NOVA ESCOLA

Um novo olhar, maneiras de jogar, interpretar e compreender o Baralho Cigano se desenvolveram de modo empírico em solo brasileiro, profundamente apoiado e sustentado por contextos místicos e religiosos, que sempre foram tão marcantes e importantes para nosso povo. Isso fez com que, a princípio, não houvesse uma maneira única de usar esse oráculo. Mas isso não durou para sempre.

A sistematização de um método tipicamente brasileiro para a leitura do Baralho Cigano foi o que na verdade marcou o surgimento de uma nova escola de estudos desse oráculo, pois permitiu que o conhecimento fosse mais ou menos uniformizado e replicado pelos diferentes oraculistas que usavam o Baralho Cigano. Dessa maneira, apesar das influências culturais e espirituais que sofreu, esse novo sistema oracular foi se tornando independente de suas influências e passou cada vez mais a se consolidar pelo próprio mérito.

Foi na década de 1990 que a Escola Brasileira iniciou então sua fundamentação. Três obras foram essenciais para que esse importante passo pudesse ser dado: a primeira delas foi *Tarot Cigano – A Magia do Povo do Oriente*, de Katja Bastos, publicada em 1993, que trouxe pela primeira vez um baralho tipicamente brasileiro, com iconografia repleta de simbologia ligada aos ciganos, acompanhado de um guia de interpretação que já tinha em sua essência as sementes dessa nova metodologia. Em seguida, J. Dellamonica publicou seu *Tarô do Cigano*, em 1994, dando mais um passo para a estruturação de um método brasileiro de trabalho e a compreensão do Baralho Cigano.

A terceira obra que viria a consolidar a Escola Brasileira foi justamente a primeira edição deste livro, publicada em 2008 sob o título *Tarô Cigano*, que traria importantes contribuições para essa Escola: a substituição do nome da segunda lâmina, o Trevo, por Pedras, enfatizando o caráter de obstáculos e problemas que precisam ser superados, e também a troca do Homem e da Mulher pelo Cigano e pela Cigana, honrando a iconografia que se estabelecia em nosso país e contribuindo ainda mais para que as figuras do imaginário cigano se perpetuassem por esse oráculo.

Tudo isso permitiu que hoje o Baralho Cigano seja visto não apenas como um oráculo de origem europeia em terras brasileiras, mas também como uma verdadeira expressão nacional desse sistema de cartomancia. Ele se tornou um depositário das heranças culturais desse povo em nosso país – em essência, uma parte de nossa própria identidade, deixando um importante e indelével legado à história da cartomancia.

CAPÍTULO 3

SIMBOLOGIA E A ESCOLA BRASILEIRA DO BARALHO CIGANO

O primeiro passo para usar um oráculo é estudar sua estrutura simbólica.

Quando vemos pela primeira vez alguém usando cartas para prever o futuro, isso pode nos dar a impressão de que há por trás da leitura um dom especial, concedido apenas a poucas pessoas afortunadas – se um dia você já pensou dessa maneira, ou se ainda o faz, saiba que isso não é verdade!

A capacidade de usar um oráculo pode ser aprendida e desenvolvida, do mesmo modo que a prática de um esporte, tocar um instrumento musical, ou ainda dirigir ou cozinhar. Algumas pessoas possuem algo que parece uma "habilidade natural" para essas atividades e conseguem desempenhá-las com mais facilidade, mas, com treino, qualquer um é capaz de aprender a desenvolver essa prática.

Isso significa que, antes de aprendermos os métodos de tiragem do Baralho Cigano, precisamos entender sua linguagem. Cada oráculo possui um idioma próprio, uma maneira de se comunicar e transmitir suas mensagens, e ela pode ser aprendida por meio dos símbolos usados para compor suas imagens. A metáfora de aprender um novo idioma aqui é bastante útil, em especial se esse é seu primeiro contato com o Baralho Cigano. Assim como quando estudamos outra língua, primeiro aprendemos as palavras para depois entender como combiná-las e formar frases. É exatamente a isso que nos dedicaremos neste capítulo: vamos olhar para os elementos essenciais que compõem as cartas do Baralho Cigano e começar a construir nossa bagagem de conhecimento para interpretá-lo mais adiante dentro dos métodos apresentados.

Preste muita atenção, pois as informações citadas a seguir poderão ajudá-lo a compreender melhor a simbologia desse baralho e a enriquecer suas consultas. De modo geral, são dessas informações que nos utilizamos para esclarecer alguns detalhes sobre as mensagens transmitidas pelo oráculo.

Todas as cartas do Baralho Cigano possuem seu significado geral fixo, porém as posições de figuras, cores, símbolos e sinais podem revelar detalhes importantes e auxiliá-lo a criar novas abordagens para futuras leituras.

POSIÇÕES

Sempre que fazemos uma leitura e dispomos as cartas na mesa diante do consulente, elas devem ser colocadas de maneira que as figuras fiquem voltadas para o oraculista, e não para o consulente. Uma vez que é você quem interpretará as cartas, é para você que elas devem estar voltadas. Isso permitirá explorar não apenas o significado individual daquela lâmina, mas também os detalhes simbólicos de sua composição.

O primeiro dos elementos que devemos observar em cada lâmina do Baralho Cigano é a posição de sua figura principal na imagem da carta. Essa posição pode revelar muito sobre as situações da vida do consulente, além de trazer detalhes importantes para a leitura, enriquecendo sua compreensão da situação e, consequentemente, sua interpretação.

A figura que você contempla parece indicar movimento ou estagnação? Rapidez ou lentidão? Para que sentido da cena ela está voltada? Figuras voltadas para a direita indicam estar no sentido daquilo que ainda está por vir, por isso mostrarão o futuro da vida do consulente. Da mesma maneira, quando a figura parece estar orientada para a esquerda, ou seja, para o que já passou, ela vai remeter a situações, emoções ou pensamentos ligados às experiências do passado. Já quando estão de frente para o oraculista, representam forças do momento presente do consulente.

Veja a seguir um resumo dessas posições e sentidos, e seus respectivos significados.

POSIÇÃO	SIGNIFICADO
Voltada para a frente	Simboliza o presente; indica aquilo que está sendo vivenciado neste momento pelo consulente.
Voltada para a direita	Simboliza aquilo que está por vir, o futuro na vida do consulente.
Voltada para a esquerda	Simboliza aquilo que já aconteceu; revela elementos do passado da vida do consulente.
Sentada ou em repouso	Indica falta de movimento, espera, lentidão, e por isso revela acontecimentos e mensagens que podem demorar para acontecer e se manifestar.
Em pé ou em movimento	Indica movimento, determinação e ação, e por isso revela acontecimentos e mensagens que se darão rapidamente na vida do consulente.

Talvez você esteja se perguntando: e quanto às cartas invertidas? Elas não possuem nenhum significado próprio na interpretação do Baralho Cigano. Se uma carta aparecer em posição invertida durante a leitura, apenas vire-a, colocando-a na posição correta, e a interprete normalmente.

CORES

Em todos os sistemas simbólicos e oraculares, as cores têm um papel importante na interpretação e compreensão das imagens. O poder das cores é conhecido pela humanidade desde o início da civilização, e hoje sabemos que elas se comunicam com aspectos primitivos de nosso ser, anteriores à linguagem, sendo capazes de produzir determinadas ideias, sensações ou sentimentos.

Antes de falarmos sobre o significado das cores, há outro elemento que você pode observar na sua interpretação das cartas: a luz e a escuridão, o jogo de brilho e sombras na imagem que está interpretando. Cartas escuras indicam aquilo que não é inteiramente consciente, aquilo que o consulente não conhece por completo, ou mesmo forças ocultas que afetam a situação sem que o consulente saiba sobre elas. Já as cartas brilhantes e luminosas indicam consciência e percepção clara da situação. Quando a fonte de luz parece distante na carta, simboliza aquilo que pode ser alcançado ou conquistado com o tempo.

Cada cor também terá significado próprio. Sabemos que o azul induz a tranquilidade; que o cor-de-rosa é um símbolo universal do amor e o vermelho indica paixão, força e vitalidade, por exemplo. Por isso, ler a combinação das cores ao interpretar uma carta do Baralho Cigano também o ajudará a compreender melhor o estado mental e as emoções implícitos na situação que está em análise por meio das cartas.

Vejamos a seguir alguns desses significados.

COR	SIGNIFICADO
Amarelo	Riqueza, abundância e prosperidade. Inteligência, perspicácia e astúcia.
Azul	Proteção e tranquilidade.
Branco	Paz, harmonia e pureza.
Cinza	Maturidade e equilíbrio.
Laranja	Alegria, entusiasmo e felicidade.
Lilás	Espiritualidade e intuição.
Marrom	Plano material, ganhos e posses.
Preto	Falta de energia, luto, tristeza, aquilo que está oculto.
Rosa	Amor e sentimentos.
Verde	Renovação, cura, regeneração e esperança.
Vermelho	Paixão, sedução, energia, coragem. Instintos humanos e animais; vigor e ação.
Violeta	O plano espiritual; transformação e transcendência.

SOBRE ALGUNS SINAIS E SÍMBOLOS

Os símbolos presentes nas representações de cada carta podem nos ajudar a aprofundar o significado e o sentido de nossa leitura e interpretação.

    O poder do símbolo está em sua capacidade de condensar ideias e significados por meio da imagem e, assim como as cores, revelar informações que estão guardadas e escondidas sob sua forma. Nenhum elemento da carta é apenas estético – tudo o que é representado nela possui sentido e tem uma razão para estar ali, muitas vezes até de forma subjetiva.

    Quando compreendemos os símbolos e sinais que cada lâmina revela, nossa leitura pode se tornar muito mais rica e profunda, pois seremos capazes de aprofundar nossa compreensão e interpretação pelo entendimento de cada um desses elementos.

    Embora os símbolos tenham significados universais, não se esqueça de olhá-los também com sua subjetividade, intuições e *insights*, que poderão surgir em uma consulta. Os símbolos são expressões do mundo inconsciente e guardam interpretações inesgotáveis.

    Vejamos os principais deles a seguir.

SÍMBOLO	SIGNIFICADO
Água	Intuição e sentimentos; os desejos da alma.
Ar	Mente, inteligência e conflitos.
Balança	Justiça e equilíbrio.
Barba	Maturidade e sabedoria.
Borboleta	Renascimento, transformação e libertação.
Cachorro	Amizade, lealdade e sinceridade.
Castelo	Proteção e segurança. O mundo dos sonhos que é alcançado.
Chave	Soluções e respostas.
Círculo	Divindade, eternidade e conhecimento.
Coração	Amor e sentimentos.
Criança	Renovação, novidades, alegria e esperança.
Cruz	Espírito e matéria unificados.
Esfera Dourada	Perfeição.

SÍMBOLO	SIGNIFICADO
Espada	Mente, o poder dos pensamentos e das palavras, conflitos e embates.
Estrela de Davi (seis pontas)	União dos opostos que se complementam e se fundem. A totalidade.
Estrelas	Proteção, revelação do que está oculto e esperança.
Fogo	A ação do espírito, o poder da fé.
Foice	Colheita, transformação, o resultado e o retorno das ações.
Homem	Força e vitalidade. O lado prático da vida.
Joias e ouro	Riqueza, abundância e fortuna.
Lemniscata (oito deitado)	Os ciclos eternos, o infinito, a permanência.
Lua	Magia e mistério. A mãe, a mulher e o feminino. Os ciclos e tudo aquilo que é mutável e temporário.
Mulher	Feminilidade, fertilidade e intuição.
Nudez	Pureza, inocência e despojamento.
Olhos	Percepção e visão.

SÍMBOLO	SIGNIFICADO
Papiro	A palavra, algo importante, a sabedoria e os ensinamentos.
Pássaro	Notícias, liberdade e alegria.
Peixe	Riqueza, prosperidade.
Pentagrama (estrela de cinco pontas)	O ser humano perfeito dentro de seus cinco sentidos. Proteção, espiritualidade e magia. O equilíbrio interior.
Pentagrama invertido	Magia negra, processos de decadência, forças contrárias.
Plantas	Vida, renovação e esperança.
Pomba	Paz, tranquilidade e espírito divino.
Quadrado	O mundo material, a estrutura da vida e da ordem.
Raio	Poder celestial.
Roda	Movimento, avanço, continuidade.
Rosa (flor)	Beleza, amor e pureza.

SÍMBOLO	SIGNIFICADO
Serpente	Conhecimento e astúcia. Em alguns casos, ameaça: um aviso de cuidado.
Sol	Iluminação, percepção e consciência.
Tartaruga	Adivinhação, sabedoria e longevidade.
Terra	Matéria e concretização; o lado prático da vida.
Torre	Isolamento, solidão, recolhimento e espiritualidade.
Touro	Fecundidade, força e vigor.
Triângulo	Com o vértice para cima, é progresso e evolução. Com o vértice para baixo, é regressão e involução.
Trigo	Fertilidade, fartura e sustentação espiritual.
Uvas	Doçura, saúde e fertilidade.
Véu	Mistério e segredos. Pureza e virgindade.

NÚMEROS

A importância e o poder atribuídos aos números são tão grandes, que constituem um tipo próprio de estudo esotérico e oculto: a numerologia. Muito mais do que representar quantidade ou tempo, os números indicam padrões energéticos que se expressam nas situações da vida.

Cada carta do Baralho Cigano possui um número, mas, além disso, também podemos observar as figuras que se repetem em cada lâmina e buscar por significados ocultos nos números que se mostrarem a nós em cada uma delas.

A mais famosa das escolas de interpretação numerológica é a pitagórica. Na Antiga Grécia, foi Pitágoras o filósofo a postular o poder místico de cada número como forças e potências sagradas. Por meio da sequência numérica, ele foi capaz de explicar do ponto de vista espiritual a própria criação do mundo, mostrando que, muito além de um propósito utilitário, os números e padrões matemáticos também são as pegadas do Divino sobre o mundo, organizando e ordenando o universo.

Nos ciclos eternos da vida, sempre em movimento, os números representam etapas necessárias no processo de evolução. Por isso, explorar o significado deles significa buscar a compreensão do estágio de desenvolvimento de determinadas situações em nossa vida. Enxergar o poder dos números significa abrir-se a um novo potencial interior.

De maneira simplificada, veja a seguir o principal significado de cada número.

NÚMERO	SIGNIFICADO
1	Início, coragem, determinação e individualidade.
2	Doação, gestação, alianças, emoções e partilha.
3	Nascimento, expansão, comunicação e manifestação.
4	Ordem, construção, estrutura e realização.
5	Mudanças, libertação, experiência e sexualidade.
6	Relacionamentos, afetos, responsabilidade e amor.
7	Espiritualidade, busca individual, transformação e sabedoria.
8	Recompensa, poder interior, eternidade (símbolo do infinito).
9	Finalizações, purificação, entrega e espiritualidade.

A numerologia coloca ênfase especial sobre os Números Mestres 11, 22 e 33, considerados guardiões e sábios da humanidade.

NÚMERO	NOME	SIGNIFICADO
11	Mestre Visionário	Capacidade de enxergar à frente, intuição, clarividência, antecipação do futuro.
22	Mestre Construtor	Trabalho, esforço, legado, bem coletivo.
33	Mestre Doador de Amor Incondicional	Liderança, ensino, transmissão de conhecimento.

Também podemos considerar os números formados por dois algarismos de maneira composta. Desse modo, o número 15 pode ser compreendido como uma combinação das forças do 1 e do 5. Podemos ainda reduzir esse número, de forma a fazê-lo se encaixar em um dos valores da tabela numérica anterior, somando os algarismos: 1 + 5 = 6.

Ao reduzir um valor numérico pela soma dos algarismos, precisamos levar em consideração que um mesmo número resultante da soma de algarismos distintos terá valores energéticos diferentes. Por exemplo: o número 1 proveniente de 28 (2 + 8 = 10 = 1 + 0 = 1) será diferente do número 1 proveniente da redução de 37 (3 + 7 = 10 = 1 + 0 = 1).

Todas essas maneiras de interpretação são válidas e podem enriquecer seu contato com o Baralho Cigano. Nesta obra, valemo-nos não só do significado da soma final, mas também dos algarismos de onde se originou esse resultado e o que isso poderá representar. Mas, para tal, precisamos primeiro dominar o estudo dos números primordiais 1, 2, 3, 4, 5, 6, 7, 8, 9, 11, 22 e 33 e seus significados fixos, para só depois adentrarmos a simbologia secundária ou da "quintessência".

No próximo capítulo vamos abordar interpretações gerais sobre o Baralho Cigano e aprofundar os temas trazidos por cada carta, para que só depois você possa fazer suas leituras e consultas, de maneira mais segura e detalhada, de acordo com os métodos de tiragem que aprenderemos mais adiante.

CAPÍTULO 4

INTERPRETAÇÃO PARA LEITURA DAS CARTAS DO BARALHO CIGANO

1
O Cavaleiro
A conquista

DESCRIÇÃO E SIMBOLOGIA

Nesta carta, podemos ver um forte cavaleiro; um cigano corajoso que monta seu cavalo com destreza e maestria em busca de algo importante ou do próprio destino.

O cavalo é branco, mostrando que a missão do cavaleiro, apesar de determinada, é sempre de paz, e que sua proteção é grandiosa.

As vestes do cigano se compõem em vermelho (coragem), azul (proteção) e amarelo-ouro (inteligência e felicidade). Sua camisa está aberta, simbolizando que ele é guerreiro e luta somente com o coração, com os próprios sonhos e desejos.

Na mão direita, ele segura uma adaga apontada para o alto, indicando que tem conhecimento das leis divinas e espirituais. Com a esquerda, segura as rédeas que comandam o cavalo, simbolizando a necessidade de conduzirmos a vida com firmeza e sabedoria.

Seu olhar é confiante e projeta-se para o futuro.

A estrada é o símbolo dos caminhos que percorremos durante a vida e, nesta carta, percebemos que o cavaleiro a percorre sem medos nem aflições. Ele está sob a luz do sol, que aquece o espírito e amplia a consciência, trazendo evolução. Está cercado pela natureza verdejante, mostrando que tem esperança e acredita nos próprios potenciais.

É o mensageiro, o portador de grandes revelações que habita o espaço entre o céu e a terra, senhor dos inícios e eterno viajante.

ELEMENTO: Fogo (ação do espírito sobre a matéria).

SIGNIFICADO GERAL

Ponto de partida, início, começo, conquista, espiritualidade, atividade, ação, criatividade e força de vontade. Missão de paz, novas perspectivas e novos projetos que estão a caminho para se concretizarem; ação do destino; fatos e acontecimentos inesperados; rapidez para resolver algum problema; solução; boas notícias e coragem.

A descoberta interior, algo que está a caminho, uma realização. Necessidade de reconhecer os próprios talentos e dons. Bons presságios, positivismo e progresso.

Sucesso e ascensão que só dependem de esforços empenhados voluntariamente.

2
As Pedras
As dificuldades

DESCRIÇÃO E SIMBOLOGIA

Nesta carta vemos uma estrada que simboliza os caminhos percorridos durante a vida em busca da felicidade. Nessa estrada podemos perceber que há várias pedras tentando fechar a passagem, porém elas podem ser retiradas.

As montanhas que cercam a estrada nos apontam os objetivos concretos e a vontade sincera de nossa alma em não desistir, e sim continuar o trajeto para encontrarmos as realizações da vida.

Esses pedregulhos nem sempre são colocados por outras pessoas ou situações externas. Às vezes, nós mesmos somos os grandes responsáveis por construir barreiras e obstáculos emocionais e energéticos, por acreditarmos no fracasso e despendermos muita energia com o medo.

Ao mesmo tempo que a estrada é confusa e tortuosa, o céu está azul e limpo, indicando a proteção e a necessidade de se ter confiança e fé para buscar o futuro.

ELEMENTO: Ar (a sabedoria e a inteligência para vencer).

SIGNIFICADO GERAL

Aprendizado, amadurecimento, insegurança, crise, desgostos, obstáculos, discussões, desentendimentos, negatividade, dificuldades, problemas momentâneos que devemos superar e necessidade de confiar na força interior; momento de reflexão antes de decidir ou fazer escolhas.

Trata-se de um alerta de que algo não está bem, mas há condições de se enxergar os problemas sem dar a eles uma importância maior do que a necessária. Esta carta também evidencia a necessidade de se recorrer ao plano divino para encontrar ajuda e proteção, ou então contar com o auxílio de pessoas amigas que tragam bons conselhos.

Neste caminho de pedras e obstáculos, é necessário utilizar essas barreiras como ferramenta para construir uma escada de ascensão e glória.

Não se deve tentar mudar o rumo agora, mas sim permanecer superando as dificuldades que surgirem e seguir em frente.

3
O Navio
As mudanças

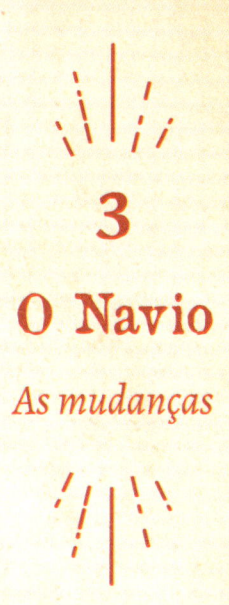

DESCRIÇÃO E SIMBOLOGIA

Nesta carta, podemos visualizar um navio grande e suntuoso, que mostra sua importância e vigor.

Em tons de marrom e amarelo-claro, o navio mostra que, apesar de ser simbólico, ele é real no mundo interior. Vem para trazer a felicidade e a riqueza em algum aspecto, provavelmente afetivo/emocional, mas estas também se estendem para o plano físico. Em um movimento de lentidão, ele realiza sua viagem com equilíbrio e humildade, indicando que os responsáveis por esta jornada são sábios e leais.

A tripulação acena com lenços vermelhos – um indício de fé e de coragem para enfrentar as mudanças da vida –, mostrando-se plena de felicidade, contentamento e alegria, porque segue rumo à celebração da chegada a um ponto sonhado.

O mar verde-azulado indica proteção, serenidade, tranquilidade, regeneração e vida.

As águas que levam este navio correnteza afora são os movimentos e as mudanças do destino, que acontecem naturalmente, com sabedoria e precisão.

Este navio trará novidades para quem o receber em seu porto.

Ao fundo da carta, existe um céu iluminado pelos raios quentes e acolhedores do sol, que por sua vez iluminam a mente e o coração, trazendo proteção para que todos sejam felizes.

ELEMENTO: Água (as emoções, a energia que flui com naturalidade).

SIGNIFICADO GERAL

Mudanças, afetos, emoção, sensibilidade, novos horizontes, gentilezas, felicidade, autocontrole e busca do equilíbrio. O mundo espiritual e inconsciente.

Movimentação de novas e poderosas energias do bem. Grandes empreendimentos. Nesta carta, as mudanças são lentas, porém duradouras e estáveis. Surpresas chegarão como recompensas da vida e do empenho empregado no passado.

Futuro promissor, sinceridade, honestidade, progresso e realização.

Amor, lealdade, carinho e amizade fazem parte desta carta, trazendo a promessa de renovação. Lugares distantes, terras estrangeiras.

Pode também ser o indício de uma correção ou mesmo um redirecionamento mais consciente em algum aspecto da vida. Ainda que tenhamos passagens difíceis na busca por um ideal, o Navio promete força e segurança para que a viagem prossiga em seu destino.

4
A Casa
A estrutura

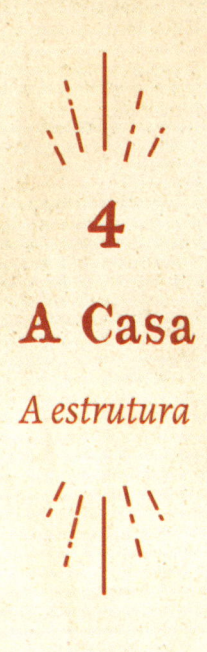

DESCRIÇÃO E SIMBOLOGIA

Nesta carta, vemos uma casa simples, porém aconchegante, confortável e harmoniosa, irradiando felicidade.

Possui o formato de um quadrado com um triângulo em cima, remetendo à ideia de unificação do céu e da terra. Esse formato indica também a estrutura e o poder para realizar o que desejamos, além de organização e o trabalho da construção.

Seu telhado é cinza, mostrando a maturidade e o equilíbrio presentes na edificação, que refletem o mundo interior. As janelas e portas são claras, indicando paz e harmonia, e estão abertas para nos receber e acolher sempre. As paredes marrons mostram estabilidade e ganhos trazidos pela responsabilidade e dedicação.

O jardim que cerca a casa, repleto de flores coloridas, é indício de boas energias, esperança e perfeição.

A estrela de cinco pontas que ilumina a entrada sugere proteção divina para conquistas materiais, fé e esperança.

ELEMENTO: Terra (o chão das realizações e a estrutura).

SIGNIFICADO GERAL

Equilíbrio, estrutura, segurança, assuntos familiares, estabilidade, confiança e apoio afetivo.

Valores morais, inflexibilidade, resistência a mudanças, hábitos comuns.

Esta carta é prenúncio de prosperidade, sucesso nos empreendimentos, felicidade e investimentos favoráveis.

Trabalho, organização, progresso, ganhos materiais, poder e realização.

Deparamo-nos aqui, sobretudo, com a necessidade de organizarmos e estruturarmos os campos emocional e interior da vida, que se desequilibram com as preocupações do dia a dia.

Esta carta também fala do cotidiano, da vida prática e do equilíbrio constante que devemos buscar para viver melhor.

Pode representar nossa casa ou a casa de alguém, a família, os parentes ou mesmo as pessoas próximas de nós. Pode representar ainda o local onde permanecemos mais tempo ou um lugar sagrado.

É uma mensagem de favorecimento, que beneficia nosso destino em muitos aspectos.

O equilíbrio poderá ser tanto espiritual quanto físico. Trata-se de uma mensagem de construção, edificação e responsabilidade.

5
A Árvore
A partilha

DESCRIÇÃO E SIMBOLOGIA

Nesta carta, vemos uma paisagem bonita e agradável, sinal de bons tempos e primavera. O solo verdejante nos traz a ideia de renovação e vida.

As flores vermelhas mostram a alegria do universo e representam as energias de amor mais sublimes que nos cercam.

Uma árvore frondosa, cheia de frutos alaranjados, indica a maturidade em se colher o que já foi plantado, da mesma forma que nos lembra, também, da existência de um tempo natural para que os frutos se tornem maduros para a colheita.

Embora seja única nesta paisagem, esta árvore deixa seus frutos à disposição de quem os merecer ou desejar, indicando assim que a felicidade é para todos e que podemos compartilhar os ganhos com fraternidade.

A árvore é a semente que um dia foi plantada, simbolizando os desejos que nascem dentro de nós, sendo cultivados constantemente com nossas ações e empenho, para que permaneçam vivos, e por fim os frutos colhidos como celebração dos desejos cumpridos e realizados.

É preciso compreender que a árvore é viçosa, cheia de galhos e folhas verdes, indicando o renascimento, a vida que invade a própria vida, os vários meios pelos quais podemos vencer com honestidade, e sobretudo, as grandes dádivas do destino e nosso trabalho bem-feito.

O tronco marrom sinaliza segurança, estabilidade em amadurecimento.

A árvore também sugere ligações profundas com a Mãe Terra (raízes) e o contato direto com o Pai do Céu (galhos e folhagens), sendo dessa forma o eixo do mundo.

ELEMENTO: Terra (o solo que fertiliza as sementes da vida e as concebe).

SIGNIFICADO GERAL

Compartilhar os ganhos, fraternidade, generosidade, prosperidade, multiplicação, maturidade, estabilidade, renascimento, vida, necessidade de doação e recebimento, trocas justas e leais. Desapego, abnegação, altruísmo e doação incondicional. Boa saúde e cura.

Fartura, ganhos, colheita, riqueza, acontecimentos frutíferos, divisão, sabedoria, fertilidade, realização, riqueza, prosperidade, alegria e triunfo. Necessidade de partilhar o que se ganha, pois a felicidade deve ser para todos, e também de criar raízes e respeitar o tempo natural da vida.

Conspiração positiva do universo, recebimento após plantio e cultivo dos verdadeiros desejos e sonhos. Relações profundas e verdadeiras, laços familiares (origens, ancestralidade). Longevidade e espera que valerá a pena. Capacidade para materializar/realizar objetivos e ideais.

Ascensão, evolução e progresso lento, porém com solidez.

6
Os Ventos
Os conflitos

DESCRIÇÃO E SIMBOLOGIA

Nesta carta, vemos uma tempestade de vento levando folhas mortas, anunciando assim um tempo de incertezas e dúvidas.

O céu nublado mostra a dificuldade em achar uma solução e a escuridão dos pensamentos diante da vida atual.

O vento que sopra ferozmente é a simbologia de nossa mente, que a todo instante se modifica. A ventania, inquieta e avassaladora, indica os momentos de turbulência que precisam se fazer presentes para que as coisas sejam reformuladas e colocadas no devido lugar.

Os traços confusos aparentes nesta figura também sugerem a ideia de insegurança, irritabilidade e instabilidade emocional.

O solo árido está ressecado e com rachaduras, trazendo a dificuldade de continuação da vida quando permanecemos presos a ideias, pensamentos e crenças ultrapassadas.

ELEMENTO: Ar (a mente, o campo psíquico e os conflitos).

SIGNIFICADO GERAL

Dúvida, momento de indecisão e confusão, conflitos interiores e situações instáveis. Facilidade em criar problemas (tempestades em copo d'água) e falta de clareza.

Os problemas materiais e terrenos que estão interferindo no equilíbrio poderão interferir também na área emocional e espiritual, e vice-versa.

A carta dos Ventos geralmente não é vista como um resultado final, mas sim como uma passagem, um momento transitório que, embora aparentemente negativo, é muito necessário para o crescimento e o amadurecimento interior.

Enfatiza-se que neste momento não devem existir conclusões, para não haver arrependimentos futuros.

A carta indica ainda ansiedade e problemas de saúde cujas causas podem ser de fundo psíquico, como bloqueios, crenças negativas e padrões cristalizados.

Turbulência passageira, necessidade de ampliar a visão interior perante as dificuldades. Esta tempestade que se aproxima pode ser uma oportunidade de purificação e limpeza, para que o solo árido seja irrigado e volte a produzir vida no futuro.

7
A Serpente
As traições

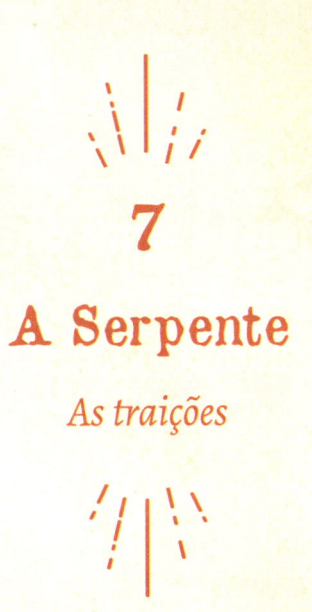

DESCRIÇÃO E SIMBOLOGIA

Nesta carta, vemos uma grande serpente negra enrolada, pronta para atacar quem cruzar seu caminho.

Sua cor preta e os tons de amarelo indicam que ela pensa para agir e que sua perspicácia mental é muito forte. O olhar é fixo, mostrando que seu ataque é certeiro e premeditado.

A grama verde que cobre o solo indica a necessidade de regeneração e transformação.

A língua é preta, revelando que ela só mostra (fala) o que lhe convém para seduzir suas presas e que suas mensagens são negras, obscuras.

As presas grandes e afiadas simbolizam a ira, o veneno, a maldade e o dissabor que ela guarda consigo.

O céu é escuro e não há estrelas para iluminá-lo, revelando que sua atitude traidora e sorrateira é mundana.

A serpente, no Oriente, é considerada o símbolo da sabedoria, do conhecimento sem fim, mas, no Ocidente, é o símbolo do mal e da traição. Talvez aqui possamos unir as simbologias e usar a inteligência para nos livrar das maldades e dos perigos oferecidos pelas serpentes que encontramos em nosso destino.

ELEMENTO: Ar (a sabedoria e a inteligência, a perspicácia e a agilidade mental).

SIGNIFICADO GERAL

Traição, falsidade, desonestidade, fofocas, agressividade, raiva, ódio, intrigas, discussões, perdas desleais, desestruturação, discórdias, brigas, pessoas de mau-caráter que cruzam o caminho, conflitos e desavenças.

Autossabotagem, traição de si mesmo, necessidade de não se deixar envenenar.

Geralmente os perigos anunciados por esta carta são premeditados, planejados e conscientes, quando vindos de uma pessoa para nos atrapalhar.

Saúde fragilizada e problemas que sempre vão e voltam.

Sexualidade, promiscuidade e desejo.

O alerta é de que devemos usar a inteligência e a perspicácia mental para alcançar a sabedoria e nos precaver dos muitos perigos oferecidos e vivenciados.

Não é um aviso positivo em nenhum momento, principalmente para questões materiais e afetivas. Prevenção contra energias maléficas provenientes de circunstâncias externas.

Traz coragem para enfrentar uma situação de perigo revelado. Necessidade de defendermos nossos objetivos.

Pode ainda trazer a mensagem de que precisamos conhecer e transformar as sombras interiores para fortalecer o poder pessoal.

8
A Morte
O fim de um ciclo

DESCRIÇÃO E SIMBOLOGIA

Nesta carta, vemos um túmulo de um cemitério cercado por uma paisagem que transmite a sensação de paz e repouso.

A cruz em cima do túmulo simboliza vitória e ascensão para uma nova vida depois do sofrimento.

A morte sempre foi vista como término e ruptura final e radical, mas, para os ciganos, ela é o sinal de uma nova vida que desperta, de um novo estágio para o espírito, que se liberta de sua velha condição.

As flores amarelas que vemos em volta do túmulo mostram que essa passagem será feliz e plena, repleta de recompensas e mudanças conscientes.

Ao contrário do que costumamos ver – um cemitério sombrio, cheio de sujeira e escuridão –, aqui percebemos o contraste: um lugar tranquilo, harmonioso e que, embora seja a representação da "morte", conforta-nos com a alegria de uma nova esfera de existência e um novo ciclo.

Sob a luz do dia, nesta imagem, as perdas e finalizações são vistas como necessárias.

O sol tem presença marcante e especial, indicando a conscientização e a aceitação verdadeira dos acontecimentos da vida e das "mortes", que ocorrem constantemente em nosso destino.

Sete borboletas violeta voam em volta das flores, simbolizando a transformação como sinônimo de liberdade plena.

O túmulo que guarda o caixão está intimamente ligado à terra, local de metamorfoses e alquimia, sendo o refúgio que guarda a transformação do plano físico para o despertar espiritual.

ELEMENTOS: Fogo (a regeneração, o fogo espiritual) e Terra (a putrefação do que é velho e antigo para se fertilizar o que está por nascer).

SIGNIFICADO GERAL

Mudança radical, algo que perdeu o entusiasmo ou a importância, conclusão. Pode indicar perdas materiais ou espirituais, términos, rompimentos, separações, fim de um ciclo e início de outro, mudanças que precisam de alguns fins necessários e inevitáveis para serem concluídas.

Rupturas que são certas; fase que acabou e a necessidade de substituí-la para uma evolução contínua.

Trata-se da putrefação de tudo o que é velho, desnecessário e fútil para o crescimento interior.

Na vida tudo fecunda, nasce, vive, amadurece e morre, para renascer outra vez ou dar lugar a algo novo, passando assim por todos os processos de transmutação.

Não representa morte física, nem a morte como um fim trágico e sem sentido, mas como meio para o renascimento.

9
O Ramalhete
A felicidade

DESCRIÇÃO E SIMBOLOGIA

Nesta carta, vemos um lindo ramalhete de flores coloridas, com predominância do amarelo e do vermelho, que demonstram a alegria de viver para se receber as grandes recompensas da vida.

As flores vermelhas também trazem a vibração de boas energias e a aceitação do que chega para nos fazer mais feliz.

As folhas verdes indicam renovação, esperança, triunfo, cura dos males da alma e o sentimento de gratidão para enaltecer a vida.

O laço branco que envolve o ramalhete é o símbolo da espiritualidade, proteção, honra e verdade, evidenciando que as boas energias são duradouras.

O fundo rosa-claro que compõe o cenário indica a expressão dos sentimentos e do afeto em sua plenitude.

Os raios dourados que emergem do ramalhete são indícios de muitas surpresas e presentes.

Essas flores são a força da natureza manifestada em sua perfeição, que chegam como um presente dos céus para somar, multiplicar e extasiar o espírito com novas energias.

ELEMENTOS: Terra (as realizações) e Água (os sentimentos puros e cristalinos).

SIGNIFICADO GERAL

Felicidade, bênção, contentamento, reconhecimento, gratidão, conquistas amorosas, ofertas, amadurecimento, momentos de extrema realização, alegria, triunfo, glória, amor universal, altruísmo, bem-estar, oportunidade, fraternidade, otimismo, jovialidade, sabedoria e evolução espiritual.

Cura, entendimento, compreensão, satisfação, afetos, recompensas, sinceridade, sentimentos verdadeiros e amizades leais.

Êxtase espiritual, proteção e novos tempos de harmonia.

Resultados favoráveis e surpresas que surgem em muitos aspectos da vida.

Aviso de boa sorte, de colheita e ganhos surpreendentes.

O Ramalhete também traz a mensagem de trocas justas e sinceras.

10
A Foice
As transformações

DESCRIÇÃO E SIMBOLOGIA

Nesta carta, vemos uma plantação de trigo, que origina o pão – fonte da vida material e símbolo da dimensão espiritual –, e uma foice, que corta o trigo, em uma simbologia perfeita de transformação em que a vida se funde com a morte e vice-versa.

A foice é cinza, indicando que seu corte só acontece na hora certa e no tempo exato, depois de muita maturação; seu cabo é marrom, mostrando a existência de uma decisão importante, consciente e necessária.

Essa foice simboliza os cortes que acontecem no destino e resultam em um processo alquímico de transformação no mundo interior, expressando-se, inevitavelmente, no plano concreto e exterior.

Os trigos amarelos representam abundância, continuidade, riqueza, fartura e a vida que sempre continua a se regenerar.

O céu azul-claro é indício de proteção, e nos faz compreender que os cortes estão sendo feitos por intermédio da vontade divina, para que haja limpeza e renovação positivas em vários níveis e esferas da consciência.

O solo é verde e fértil, pronto para receber novas sementes; logo ele demonstrará a energia de transformação à qual foi submetido.

ELEMENTO: Terra (de onde os frutos nascem e para a qual voltam, adubando o solo para que haja o renascimento e a transformação).

SIGNIFICADO GERAL

Transformação, abertura de novos caminhos; trata-se de uma era de libertação do que é angustiante e causa sofrimento. Corte dos medos e das inseguranças. Mudanças e transformações internas e externas.

Desgastes e preocupações que terão fim.

Reavaliação, reformulação e processo de crescimento pessoal – a entressafra.

Passagem, período de transição que resultará em renovação positiva. Os cortes aqui anunciados são para o bem, mas não são o desfecho final.

A foice indica um momento em que todas as transformações são bem-vindas e que algo precisa ser mudado rapidamente para se evitar sofrimentos e angústias no futuro, e garantir o bom desenvolvimento do que já está em andamento.

11
O Chicote
A força

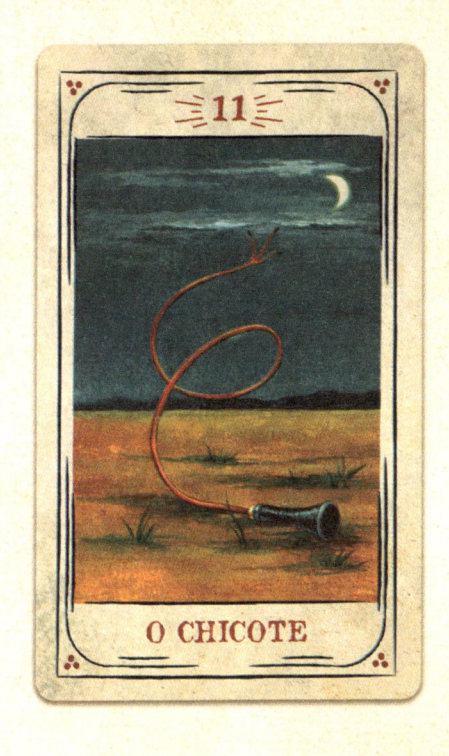

DESCRIÇÃO E SIMBOLOGIA

Nesta carta, vemos um chicote manifestando o poder de domínio e controle.

A cor preta do cabo do chicote simboliza as forças misteriosas e ocultas que regem o mundo interior.

A haste do chicote é vermelha, indicando a energia instintiva, sexual e ardorosa – uma expressão clara de força e dinamismo.

O cenário é sombrio: a noite, com sua lua minguante, evidencia a necessidade de purificação e a harmonia de forças maléficas que perturbam o espírito e a matéria.

O chicote revela poder, e seu aviso é de que devemos sobrepor com sabedoria e razão o instinto animal e os pensamentos irracionais, para nos livrarmos de todas as amarras.

Esse instrumento geralmente é usado para domar e castigar animais, e neste caso adverte para a necessidade de dominar os impulsos.

Assim como nos princípios de ensinamentos de magia, esta carta adverte para os perigos, os acertos e os erros que é possível obter com o poder da vontade para conduzir e concretizar objetivos e desejos.

O Chicote é símbolo de força e agilidade, representando a capacidade de se usar a inteligência para as forças do bem.

Geralmente esta carta alerta para manipulações e o controle exagerado.

A lua minguante nos lembra de que a purificação dessa energia é urgente e necessária, e que o desejo de dominar algo ou alguém poderá minguar e desaparecer depois de muito sofrimento e alienação.

ELEMENTOS: Terra (o domínio, o poder concretizado na matéria) e Fogo (a força ardente do espírito).

SIGNIFICADO GERAL

Força, necessidade de equilíbrio entre razão e instintos, mente, forças ocultas controladoras, magia mental que edifica ou destrói, esforços empenhados para alcançar metas e objetivos.

Autopunição, agressividade, discussões, possessividade, sadomasoquismo.

O pensamento, a inteligência e a agilidade que devem ser inclinados para o bem. A carta revela ainda que podemos descobrir novos horizontes se desenvolvermos qualidades positivas dentro de nós.

Instintos humanos e animais, carne, desejo ardente, sexualidade e vitalidade.

Energias que devem ser empenhadas para o progresso, o controle, o domínio, a capacidade de vencer desafios.

A força e o poder interior para resistir aos obstáculos e continuar a jornada. Dogmas, inquietação, alienação, autoridade, inflexibilidade, autoritarismo, valentia, exagero, disputas, abuso de poder, imposição.

12
Os Pássaros
As alegrias

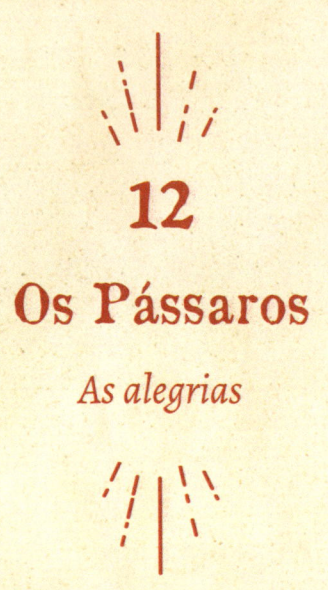

DESCRIÇÃO E SIMBOLOGIA

Nesta carta, podemos perceber pássaros amarelos e brancos voando livremente na imensidão de um horizonte sem fim. Esses pássaros representam a força do espírito, a alegria de viver e a paz que conforta a alma pela eternidade.

O céu azul e ensolarado indica proteção e fé na vida. O sol aquece o coração e nos revela a verdade absoluta dos desejos que são cumpridos e realizados para o bem de todos.

Voando em conjunto, os felizes pássaros nos mostram a importância da fraternidade e do companheirismo com o universo e, principalmente, com nosso interior. Eles cantam alegremente, cortando os males e as energias negativas da vida, preenchendo assim nossa alma com boas vibrações, suavidade e beleza.

É a energia mais pura, que desperta no espírito um estado de graça e encanto. O voo é destemido, repleto de harmonia, felicidade e simplicidade.

A beleza que percebemos nesta imagem nos aponta o amor, a ternura, o carinho e as surpresas que a vida nos oferece sempre.

A carta dos Pássaros está associada a boas notícias, ao senso de liberdade, à bondade, ao bom humor e ao vigor. Os pássaros emanam sentimentos cristalinos, e seu canto é a música que dá vida ao mundo do qual todos desfrutamos.

ELEMENTO: Ar (a liberdade da alma que voa destemida pela vida).

SIGNIFICADO GERAL

Felicidade, alegria, contentamento, romance, vitória, liberdade, entusiasmo, triunfo, desejos realizados, surpresas, amor, ternura, sorte, verdade e harmonia.

Necessidade de prestar mais atenção às coisas simples da vida, aos sentimentos, ao encanto, à espiritualidade, à pureza, às boas intenções, à cordialidade, à jovialidade, ao companheirismo e à ajuda que chega sem esperarmos.

Notícias e energias positivas que nos visitam como um sopro de boa ventura. Proteção, coragem, elegância, suavidade e beleza.

A alma que voa em busca de seus sonhos mais profundos e os realiza com vontade e alegria.

Acontecimentos passageiros, liberdade, novos horizontes, ousadia, simplicidade, viagens, paixões e aventuras felizes.

Esta carta mostra que podemos ir muito além dos horizontes comuns ou conhecidos.

Os Pássaros também podem indicar espiritualidade e os estados superiores de consciência da alma.

13
A Criança
A sinceridade

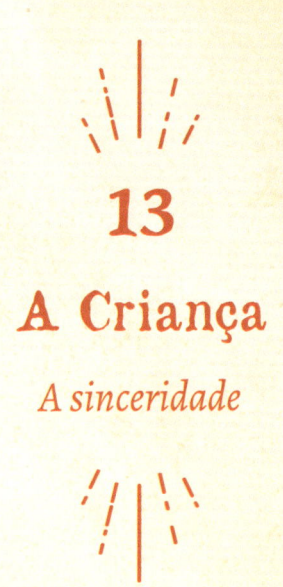

DESCRIÇÃO E SIMBOLOGIA

Nesta carta, vemos duas crianças que brincam e sorriem para a vida. Elas estão à beira de um riacho de águas cristalinas, que fluem com naturalidade, indicando que os sentimentos que regem a vida de ambas são verdadeiros, espontâneos e honestos.

As flores fortalecem as alegrias da vida, e as plantas verdes e viçosas ressaltam a esperança.

As crianças brincam unidas; demonstram a vontade, o vigor e o amor que uma sente pela outra, sem interesses egoístas. Permanecem ali pelo simples desejo de viverem em alegria.

Estão com roupas simples, sem adornos nem objetos que denotem riqueza, em uma alusão ao que se pode carregar de mais valioso dentro de si: a sinceridade e a bondade.

Estão descalças, com braços, mãos e pernas descobertos, revelando assim a vontade de criar, evoluir, viver e produzir novas energias.

O céu irradia a força do sol, que, com seus raios, ilumina a alma para que as crianças sigam o caminho correto.

De forma geral, as crianças desta carta representam a transparência, a ingenuidade, a inocência e os sentimentos mais puros contidos em nosso coração.

A paisagem sem fim indica a "criança interior" que carregamos eternamente dentro de nós.

ELEMENTO: Água (os sentimentos transparentes e verdadeiros).

SIGNIFICADO GERAL

Sinceridade, beleza, renovação, harmonia, infância, lúdico, amor, amizade, coisas novas, espontaneidade, transparência, inocência, verdade e boas energias. Ausência de temores.

Sentimentos bons, os filhos, uma criança ou até mesmo uma gravidez vindoura.

Surpresas, alegrias e novos ciclos que serão vividos sem sofrimento. Por outro lado, esta carta nos adverte quanto à falta de responsabilidade ou imaturidade diante de algumas situações.

Necessidade de estarmos abertos a novos ensinamentos e termos verdadeira disposição interior para experimentarmos novas situações.

O entusiasmo e a vida de nossa "criança interior", que nos conduz constantemente pelo trajeto da vida.

É um convite para que nos mantenhamos sempre receptivos às experiências do mundo.

14

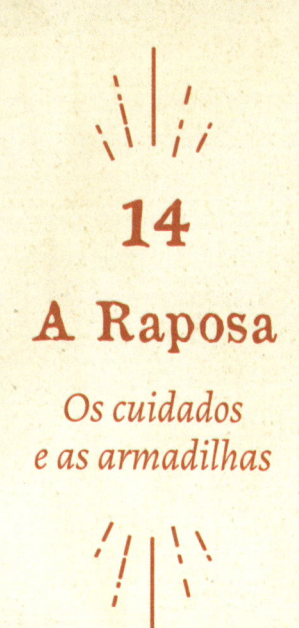

A Raposa

*Os cuidados
e as armadilhas*

DESCRIÇÃO E SIMBOLOGIA

Nesta carta, vemos uma raposa sob a luz da lua escondendo parte de seu corpo atrás de uma árvore que cruza o caminho.

A noite é sedutora, iluminada por raios cor de prata, porém perigos se ocultam sem que muitas vezes possamos percebê-los ou enxergá-los.

Os olhos da raposa e as orelhas passam a ideia de alerta – é preciso averiguar e velar tudo à sua volta.

Ela parece amigável, mas guarda dentro de si o desejo de traição e de desferir golpes certeiros para se beneficiar.

A paisagem é agradável e convidativa, mas abriga uma grande armadilha, que pode trazer prejuízos e emboscadas. Nesse contexto, a raposa oferece uma situação muito traiçoeira e perigosa. Ela mostra apenas o que lhe convém e não mede consequências para atingir seus objetivos, agindo sorrateiramente. Nesta carta temos um aviso de que há um jogo nebuloso, situações ardilosas, e que algo ou alguém nos espreita.

Sua cor avermelhada mostra que ela está atenta, planeja com frieza, pensa em como agir na hora certa e que seu desejo pode ser cruel. Por mais que pareça indefesa, seus instintos são mais fortes no sentido de ludibriar, enganar e seduzir, para depois atacar.

O solo é árido, mostrando que ali não há fertilidade.

ELEMENTO: Ar (a agilidade mental, o pensamento e o raciocínio lógico).

SIGNIFICADO GERAL

Golpes, armadilhas, falsidade, mentira, engano, cuidado, astúcia, prejuízo, galanteios ilusórios que nos levam a perdas, planos, roubo, algo que tenta ser o que não é, invenção sobre algo ou alguém para alcançar benefício próprio e acima de tudo tirar vantagem da situação.

Estratégia, artimanha, esperteza e sagacidade.

Esta carta adverte para os cuidados e perigos pelos quais podemos passar em determinadas situações ou até mesmo sobre as pessoas que nos cercam.

Inimigos ou momentos de perda por intermédio de ciladas nas quais caímos por confiar em pessoas desonestas e desleais.

Esta carta alerta para a necessidade de planejarmos bem nossos objetivos. Lembra-nos também dos cuidados com negócios ilícitos, a malícia, o coração frio, as atitudes calculistas.

A Raposa ainda revela que há energia suficiente e inesgotável para que todos os objetivos e metas sejam mantidos, portanto, o consulente deve se utilizar de recursos interiores para prosseguir no avanço de seu caminho e se livrar de armadilhas e emboscadas.

15

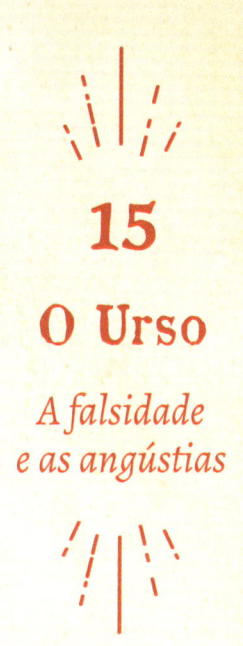

O Urso

*A falsidade
e as angústias*

DESCRIÇÃO E SIMBOLOGIA

Nesta carta, vemos um urso grande e aparentemente inofensivo que repousa tranquilamente na frente de uma caverna escura, fria e sombria.

Apesar de não mostrar perigo, ele está atento a todos os que tentarem se aproximar, e a vontade de atacar, se for preciso, faz parte de seu instinto animal. A caverna que ele guarda esconde o lado obscuro e negativo da vida, evocando o ciúme, a inveja, a cobiça e a sombra que habita todos nós.

Os acontecimentos anunciados por esta carta vêm em nome do domínio instintivo e animal, da força de energias contrárias, e sua defesa é prender, agoniar e afligir suas presas.

O urso defende seus interesses com "unhas e dentes" e, com seu abraço mortal, pode cravar as garras afiadas em qualquer um, esmagando-o. O urso desta carta é negro, indicando a falta de sentimento verdadeiro; há falsidade e frieza em suas intenções.

As plantas que brotam no solo revelam a importância de deixarmos as coisas se regenerarem e se reciclarem para que a verdade seja o remédio de todos os males da vida. O verde indica esperança e vida para combater as condições negativas que vierem a nos prejudicar.

Os aspectos escuros desta carta, tanto a caverna quanto a noite sem luar, corporificam os mistérios negativos da alma.

ELEMENTO: Terra (os desejos mundanos e terrenos).

SIGNIFICADO GERAL

Frieza, magia, feitiço, irracionalidade, mau-olhado, explosão, inveja, cobiça, infortúnio, hibernação, perdas, agressividade, energias maléficas, falsidade, angústia, agonia, inquietação, paixões violentas e oportunistas, luxúria, possessividade, escravidão, influências negativas do astral ou de pessoas maldosas, pragas, mentira, ilusão, despeito, traição, ciúme, interesses mesquinhos e egoísmo.

A carta alerta para a necessidade de purificação energética, de limpeza emocional e espiritual.

Força bruta que necessita de lapidação e transcendência. Mergulho nas próprias sombras para que haja consciência sobre as forças selvagens e instintivas. Necessidade de cuidar do poder pessoal.

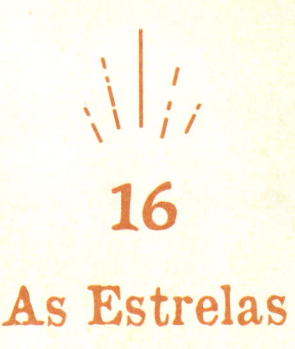

16
As Estrelas
A iluminação e a sorte

DESCRIÇÃO E SIMBOLOGIA

Nesta carta, vemos um céu estrelado e iluminado pelas estrelas do plano astral. As estrelas de cinco pontas indicam a perfeição, os cinco sentidos do Ser que se realiza dentro das muitas possibilidades de ser feliz em sua totalidade.

O brilho de todas elas evidencia que os desejos serão atendidos e que a sorte se aproxima de alguma maneira. Essas são as estrelas que iluminam o povo cigano durante suas peregrinações mundo afora; são estrelas-guia que apontam o caminho e trazem as boas-novas.

Ao redor delas forma-se um círculo de luz amarelo-ouro, que invoca as forças da bondade, revelando sua iluminação pela eternidade na vida de todos os que nessas forças acreditarem.

Sobre o chão encontramos um baú aberto que guarda os tesouros da vida, e a luz que dele irradia mostra a plenitude da alma que consegue encontrar a elevação. Nesse baú não vemos joias, nem ouro, nem prata, mas sim a riqueza espiritual que podemos alcançar durante nosso destino e que se encontra em nosso coração.

Esta carta é o símbolo da fé, da verdade, da harmonia e do amor que brota no interior de cada alma que segue os caminhos indicados pelas estrelas.

O céu é azul-anil, cor que fortalece a proteção divina e a tranquilidade, confortando a alma, a mente e o coração.

ELEMENTO: Fogo (a chama do espírito vivo e latente no universo).

SIGNIFICADO GERAL

Iluminação, sorte, força espiritual, bênçãos, proteção, vida nova, evolução, perfeição, otimismo, esperança, fé, proteção, boas influências, energias poderosas e exaltação. Motivação, confiança e progresso. Beleza, simplicidade, amizade, sinceridade, progresso, dificuldades que são superadas.

Felicidade, harmonia, paz, equilíbrio, vontade, ânimo, o tesouro espiritual, amor, carinho e afetos.

A carta também nos orienta a cuidar de nosso brilho pessoal e da autoimagem.

O que está predestinado em nossa vida, resgates importantes, o elo espiritual que nos une positivamente a alguma situação ou pessoa.

É a necessidade da fé como caminho para a plenitude verdadeira.

A vida que se enche de esperança e traz elevação espiritual.

O despertar para uma nova possibilidade, inspiração divina e merecimento.

Esta carta, em alguns casos, pode indicar o excesso de estrelismo, glamour e deslumbramento ou otimismo exagerado, que dificulta o contato com a realidade.

De maneira geral, a carta das Estrelas revela um novo tempo, um tempo de bonança que surge com esperança genuína após um período difícil.

17
A Cegonha

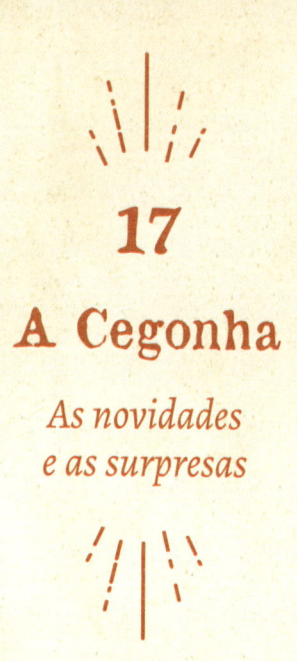

*As novidades
e as surpresas*

DESCRIÇÃO E SIMBOLOGIA

Nesta carta, vemos uma cegonha que pousa sobre um campo verde à beira de um lago.

A cegonha branca chega em missão de paz, indicando pureza, boas notícias e surpresas que anunciam felicidade.

Sua força e vitalidade são evidentes, e ela carrega consigo as intenções mais benéficas de um novo ciclo.

Em seu bico vemos um trevo-de-quatro-folhas, que sinaliza boa sorte e a abertura de caminhos.

O céu é claro e iluminado, demonstrando a espontaneidade com que as coisas boas acontecem e fluem na trilha de cada um.

O campo verde-oliva indica renovação, esperança e regeneração da vida.

O lago é de água doce e cristalina, revelando um momento de sentimentos bons, verdade e calmaria. As águas azuis são um indício de harmonia e aconchego, para que as dificuldades desapareçam.

ELEMENTO: Ar (a renovação e o vento que sopra para o lado bom da vida).

SIGNIFICADO GERAL

Novidade, surpresa, notícias, algo novo que em breve ocorrerá, novos caminhos, gravidez. Pureza, paz, felicidade, harmonia, viagens, aceitação da vida, oportunidades, bons presságios, revelação e ousadia.

Um convite para vislumbrar o futuro e deixar o passado para trás.

Novos desafios e coragem para enfrentar a vida. Liberdade e libertação de dores e sofrimentos.

A vida que é anunciada com novas alegrias e bons presságios.

18
O Cão
*A fidelidade
e a lealdade*

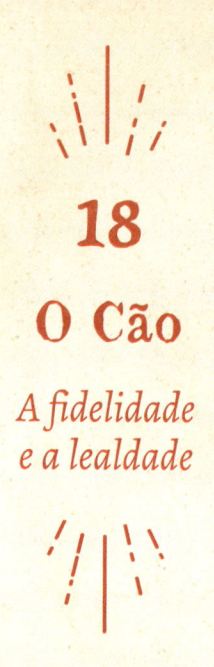

DESCRIÇÃO E SIMBOLOGIA

Nesta carta, podemos perceber que um cachorro está sentado e esperando para dedicar seu amor incondicional e sua amizade a alguém. Sua cor é marrom-clara, mostrando que ele é cheio de humildade e que seus sentimentos são reais.

Seu olhar é sereno, alegre e repleto de carinho. Suas patas estão firmes no chão, simbolizando que ele pensa e age consciente de sua vontade.

O cão guarda algo valioso em frente à sua casa amarela, ou melhor, ele faz questão de demonstrar que com ele está o verdadeiro tesouro da vida: a fidelidade e o amor.

Ele é ágil, esperto e sabe realmente trabalhar em comunhão com a mente e o coração.

A roseira que está do seu lado esquerdo indica os sentimentos, a pureza e a lealdade que o cão representa.

Ele se posiciona em estado de alerta e prontidão, servidão e espera, conseguindo, assim, ajudar quem realmente precisa ou merece sua lealdade.

ELEMENTO: Água (a pureza de todos os sentimentos e emoções).

SIGNIFICADO GERAL

Lealdade, amizade, companheirismo, honestidade, apoio de pessoas sinceras e com as quais podemos contar, ajuda, respeito, pureza, sentimentos, carinho, amor incondicional, humildade, sabedoria, esperteza, agilidade, defesa, o guardião, proteção significativa que trará sorte e alegria. Compreensão e compaixão. Alianças, grupos, associações, sociedades, parcerias e comunidades.

Relacionamento feliz e harmonioso, sinceridade, o aliado, alguém que nos defende dos perigos da vida, confiança, serenidade e dignidade.

Quando esta carta aparece no destino de alguém, sempre sugere coisas boas que trarão progresso e alegria, seja por intermédio de alguém ou de alguma situação.

19
A Torre

*A proteção
e a espiritualidade*

DESCRIÇÃO E SIMBOLOGIA

Nesta carta, vemos uma torre construída pacientemente ao longo do tempo. Ela é alta, simbolizando que seus potenciais são espiritualmente elevados.

A cor cinza demonstra a firmeza e a maturidade com a qual foi edificada.

Em seu topo, podemos perceber algo semelhante a uma coroa, indicando a força dos pensamentos ativos e positivos, o símbolo perfeito da majestade interior, o poder e a captação de energias positivas.

À sua volta, vislumbramos um imenso jardim onde flores brancas e lilases sugerem paz, renovação e a tranquilidade do espírito sempre em transmutação.

Uma brisa suave embala pássaros no horizonte, fortalecendo assim a ideia de liberdade e leveza da alma para voar em busca de seus verdadeiros propósitos.

Alguns consideram esta imagem como a casa de Deus ou um templo divino, que nos conforta, nos acolhe e nos pede responsabilidade sobre escolhas e decisões.

Em toda a sua simbologia, não vemos a riqueza material, apenas uma torre construída com poucos elementos, mas que representa tudo aquilo que podemos solidificar em nosso interior: valores espirituais, virtudes e o conhecimento profundo do próprio "eu", já que sua imagem é de recolhimento.

O céu é azul-claro, trazendo proteção absoluta e desapego das coisas materiais, para se evoluir em uma outra dimensão que não a física.

Esta torre guarda o mundo espiritual, o universo interior, o silêncio e toda energia necessária para desnudar a alma dos invólucros que algumas condições negativas da vida criaram.

ELEMENTOS: Ar (as ideias, o pensamento) e Fogo (a espiritualidade que tudo transforma).

SIGNIFICADO GERAL

Proteção, o mundo espiritual, fé, reavaliação, inteligência, essência, poder astral, a alma, o próprio "eu", honestidade, desapego das coisas do mundo material, renovação de conceitos e valores diante da vida, pensamento ativo, estudos, pesquisas, sabedoria, mudança de opinião, desapego do passado, paciência, espera e abandono de coisas que já não possuem um espaço importante na vida. Equilíbrio e estrutura. Isolamento saudável e reciclagem.

Esta carta traz uma mensagem valiosa sobre nosso potencial interior e quanto ganhamos em nos conhecer melhor. É a representação da essência, da humildade, do respeito e da necessidade de ouvir a voz interior, a intuição.

A solidão como caminho para se autodescobrir e amadurecer. Responsabilidade e conquistas que dependem de longa espera.

Um convite para o autoconhecimento, o aprendizado e a conexão com a alma.

20
O Jardim
O plantio

DESCRIÇÃO E SIMBOLOGIA

Nesta carta, vemos um jardim com algumas flores e plantas crescidas, cuidadas e repletas de harmonia.

A grama verde que cerca este cenário é o símbolo da necessidade de gratidão, remissão e regeneração de tudo o que sentimos, pensamos, ou da forma como agimos. Também nos traz a esperança de tempos melhores na grande colheita da vida.

As flores são coloridas e variadas, representando as mais diversas experiências, pessoas e acontecimentos com os quais nos deparamos e aprendemos na estrada da vida.

O solo é fértil, indicando que na vida o que se planta é colhido em algum momento.

Esta paisagem é clara e evidencia a necessidade de fazermos tudo com consciência e lealdade.

O jardim representado na carta foi remexido, trabalhado, e sugere a ideia de reforma interior, limpeza e regeneração da alma. E, para que esse jardim permaneça florido, é importante ficarmos atentos quanto à retirada de ervas daninhas e pragas que possam nascer a qualquer momento.

Este é o símbolo perfeito do jardim que habita nosso coração e do qual, durante nossa jornada, vamos cuidando e fortalecendo. Existem aqui todos os recursos e ferramentas necessários para o plantio e a manutenção do jardim interior.

O portão fechado nos lembra da importância de vigiarmos a beleza do mundo interior e resguardá-lo como um local sagrado – um lugar de contínuo trabalho e manutenção.

ELEMENTOS: Terra (onde plantamos todas as sementes da vida) e Água (a sinceridade que está em nossas ações e sentimentos).

SIGNIFICADO GERAL

Necessidade de perguntar ao coração tudo o que ele sente e de reavaliar sentimentos, emoções, conceitos e valores.

Sabedoria, humildade, fortalecimento das coisas boas, colheita de tudo o que se planta e as sementes que deixamos brotar.

Esta não é uma carta de mensagem positiva ou negativa; em geral, é neutra e nos adverte sobre quanto somos capazes de plantar a bondade ou a maldade durante a vida, mas, ao mesmo tempo, anuncia a longevidade, os esforços e o resultado daquilo em que acreditamos. Ela é sempre um convite para que fiquemos atentos ao lado mais sadio e mais belo da vida.

21
A Montanha

*A perseverança
e o equilíbrio*

DESCRIÇÃO E SIMBOLOGIA

Nesta carta, vemos uma montanha alta e toda coberta de vegetação, indicando que existe esperança nessa escalada.

A montanha simboliza a solidez da vida, a vontade de alcançar os objetivos e a subida rumo ao progresso. Para escalá-la, é preciso estar envolto em equilíbrio interior e se manter atento aos verdadeiros ideais.

Todo o verde que cerca esta paisagem revela a certeza de que esse caminho é baseado na verdade, no amor incondicional aos sonhos e na boa vontade.

Seu solo fértil e seguro evidencia o lado prático da vida. Embora possa parecer difícil e tortuoso alcançar o topo da montanha, o trajeto é real e acessível aos que o percorrerem com coragem, foco, determinação e ânimo.

Esta carta representa o caminho da vida e a certeza que possuímos, no mundo interior, para atingir nossas metas e objetivos.

ELEMENTO: Terra (o mundo concreto e a solidez da vida).

SIGNIFICADO GERAL

Esperança, perseverança, maturidade, fé, força de vontade, obstáculos a serem vencidos e superados.

Confiança, segurança para conquistar um projeto. Firmeza, inclinação à inflexibilidade, rigidez, teimosia, dificuldade para mudar, verdade, solidez, busca, o desejo de ser feliz, fatos ou situações que devem ser avaliados de forma racional e prática.

Bom caráter, equilíbrio, o lado prático e material. Força interior, coragem e determinação. A convicção e os verdadeiros interesses. Algo ou alguém que traz segurança e apoio.

Anuncia o momento ideal para buscar a realização de uma meta ou objetivo que seja muito importante para o consulente, apesar de parecer distante.

Esta carta aconselha a meditação antes de qualquer decisão ou escolha, sugerindo o seguinte questionamento: aonde queremos chegar?

22
Os Caminhos

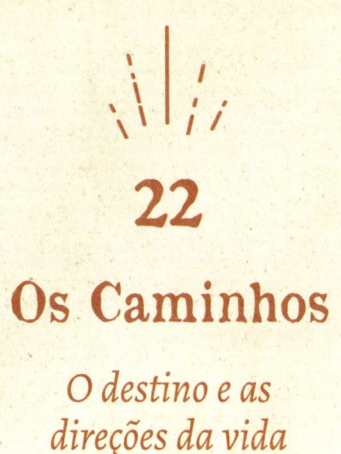

O destino e as direções da vida

DESCRIÇÃO E SIMBOLOGIA

Nesta carta, percebemos um lindo caminho, que está aberto e pronto para podermos percorrê-lo com coragem e determinação.

O chão é de terra, mostrando que o trajeto é seguro, confiável e repleto de realizações. A estrada se perde na imensidão do horizonte e indica que as vitórias serão duradouras.

Os campos floridos simbolizam a esperança, a vida, a renovação e as alegrias que encontramos durante a vida quando fazemos nossas escolhas com o coração.

O céu é azul, límpido e claro, iluminado pela energia solar e trazendo uma mensagem de proteção e fé aos viajantes da longa jornada da vida.

Este é o caminho que nos leva à felicidade; às oportunidades que se abrirão para um novo rumo diante de nossos desejos e dos propósitos claros da alma. Não se vê nenhum obstáculo, pedregulhos ou limitações, pois este caminho está aberto para todos.

A predominância amarelada que verificamos na carta traz a iluminação, a consciência e a sabedoria para perceber e aproveitar todas as oportunidades.

Esta estrada oferece as energias do presente e adverte que os passos dados no passado já não importam mais hoje; que o que se deve carregar agora são as boas experiências e o aprendizado de tudo o que foi vivenciado e conquistado.

Os caminhos ainda asseguram que, depois das decisões, das escolhas feitas e da assimilação do que desejamos conquistar, mente e coração devem seguir seu percurso rumo ao desenvolvimento e ao progresso.

ELEMENTO: Terra (o chão que pisamos e no qual concretizamos sonhos e desejos).

SIGNIFICADO GERAL

Direção, rumo certo, liberdade de escolha, metas alcançadas, livre-arbítrio, sabedoria adquirida com escolhas do passado e que se manifestam no presente. Persistência, oportunidades, independência, expansão e caminhos abertos. Viagens terrestres ou de curta duração.

O destino, o que está escrito para cada um de nós e o caminho individual. Experiências, metas e objetivos a serem conquistados.

Também simboliza a força dos verdadeiros guerreiros, que, incansáveis, lutam e vencem, abrindo o próprio caminho.

Clareza de propósito de vida e a busca por novos horizontes.

23

Os Ratos

Os aborrecimentos e os desgastes

DESCRIÇÃO E SIMBOLOGIA

Nesta carta, vemos alguns ratos pretos e sujos em um lugar escuro e sombrio. Eles captam as energias negativas, a sujeira astral e, assim, vibram em esferas muito inferiores.

A cor preta demonstra a maldade, a baixa magia e tudo o que é impuro.

Embora estejam em um cenário obscuro, a cor amarela ao redor dos olhos dos ratos indica a rapidez e a agilidade que eles têm em pensar e agir.

O chão está cheio de lixo, definindo, assim, a negatividade que os cerca permanentemente.

Parecem estar compartilhando e roendo algo que foi roubado, sugerindo a ideia de destruição de algo que não lhes pertence.

A lua minguante no céu escuro mostra que a força desta carta não é de progresso, mas sim de inversão, perdas e excesso de energias negativas.

A árvore seca e sem folhas reflete o processo de desvitalização, vampirização energética e falta de um ambiente propício para o seu desenvolvimento.

ELEMENTO: Terra (as coisas do mundo, a matéria sem transcendência).

SIGNIFICADO GERAL

Perdas, energéticas e/ou materiais, roubo, canalização de energias negativas, avareza, desânimo, aborrecimentos, desgastes, má influência, negatividade, necessidade de limpeza espiritual, agressividade que oculta insegurança, furtos, assaltos, indisposição, mensagem de cuidado com inimigos que nos prejudicam de alguma forma.

Doenças, falta de vitalidade, vampirismo e tristeza.

Esquecimento, chateações, maldade, desordem, desequilíbrio, pessoas oportunistas que se aproximam para levar alguma vantagem, mesmo que isso prejudique algo ou alguém.

A carta adverte quanto ao perigo de negócios ilícitos; simboliza também a miséria emocional, mental, física e/ou espiritual.

Integridade e bom caráter são os únicos caminhos para vencer as adversidades anunciadas por esta carta.

24
O Coração

Os sentimentos e as emoções

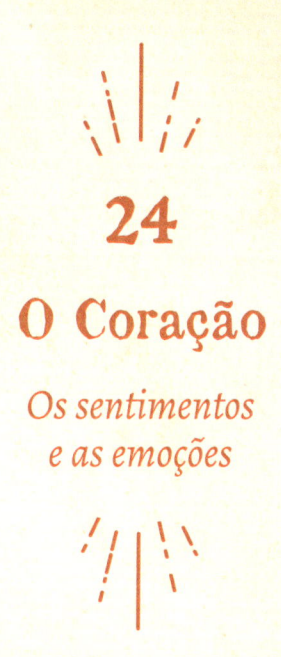

DESCRIÇÃO E SIMBOLOGIA

Nesta carta, vemos um coração vermelho que parece pulsar vigorosamente.

Ele representa o templo sagrado que guarda e detém os sentimentos e as emoções.

A cor vermelha indica vida, energia e ativação do que é sentido e experimentado, mas, sobretudo, a coragem de enfrentar e aceitar as mais diferentes sensações que vivenciamos em nossa jornada.

Ao redor dele, percebemos raios de luz brancos e dourados, simbolizando a paz alcançada quando seguimos nosso coração e a sabedoria detida nele, que independe de circunstâncias externas.

O dourado ainda intensifica a ideia de que o verdadeiro ouro espiritual se encontra no coração, guiando a alma e o espírito para as coisas mais elevadas.

Podemos vislumbrar neste coração tudo o que é sentido de forma profunda e sincera, e que nos impulsiona a cada dia para determinados caminhos.

Ele não representa nem o amor nem o ódio isoladamente, mas sim todas as sensações e emoções que podem aflorar a qualquer momento com força e poder.

Nesse contexto, é necessário que se aprenda a equilibrar o aspecto emocional da vida, seguindo o coração como uma bússola para assim encontrar a felicidade.

O fundo azul-claro demonstra clareza interior para vencermos os conflitos da vida.

O pandeiro com fitas multicoloridas ressalta o coração como um lugar de alegrias eternas, morada do amor, da coragem e da gratidão.

ELEMENTO: Água (o sentimento e a transparência das emoções).

SIGNIFICADO GERAL

Sentimentos, emoções, dedicação, desejo, entrega, calor humano, os tesouros que são guardados no coração, as atitudes impensadas, a voz do coração, o equilíbrio emocional, sensibilidade, sinceridade e transparência.

É uma mensagem que nunca define, mas intensifica, vivifica e colore situações apontadas por outras cartas. Lembra-nos de que o coração deve ser a morada de sentimentos nobres, amor incondicional, alegria plena e felicidade.

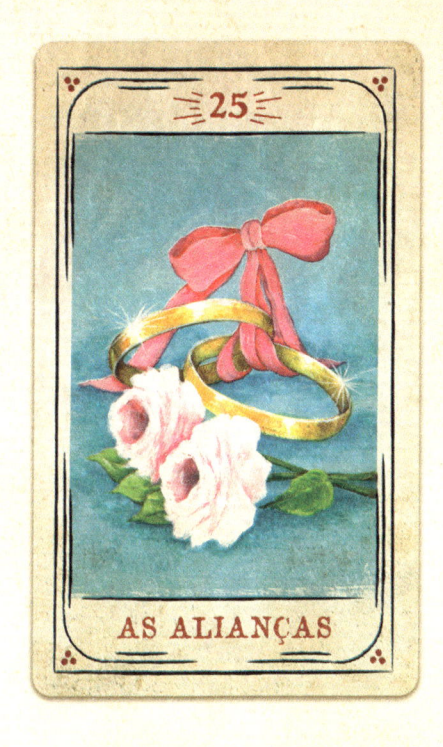

25
As Alianças
*A união
e as associações*

DESCRIÇÃO E SIMBOLOGIA

Nesta carta, vemos um par de alianças que brilham e estão presas a um laço de fita cor-de-rosa.

Essas alianças são douradas e indicam envolvimento espiritual. A forma arredondada mostra a força da divindade que se eterniza e se materializa nesta união. O círculo também é a representação de um elo sem fim e de proteção.

As alianças possuem como cenário um céu muito claro e azulado, que revela serenidade, tranquilidade e o aconchego espiritual da perfeição e das bênçãos divinas.

O laço cor-de-rosa mostra que a união só é atada pelos princípios de amor e sinceridade, e que, assim, poderá ser duradoura – uma união que se concretiza por vontade e forças do plano astral.

A simbologia desta carta é de união fraterna e amorosa, que nutre e gera todas as relações nas dimensões humana e espiritual.

ELEMENTO: Água (a sinceridade dos sentimentos que unem e fortalecem).

SIGNIFICADO GERAL

União, fraternidade, igualdade, amor, sociedade, sinceridade, vínculos espirituais positivos, necessidade de dar as mãos, namoro, noivado, casamento, parcerias, sociedades, trabalhos ou projetos em grupo, ajuda, elo espiritual, novas amizades, pessoas boas que nos cercam.

A harmonia de compartilhar e dividir a vida ou situações com alguém. Cooperação, apoio e fraternidade. Pode também demonstrar o encontro entre almas gêmeas.

Esta carta fala de um convite ao compromisso, à confiança, a dar e receber ajuda em busca de um mesmo ideal.

26
Os Livros
*A reflexão
e a inteligência*

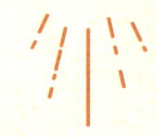

DESCRIÇÃO E SIMBOLOGIA

Nesta carta, podemos ver livros fechados sobre uma mesa, à disposição daquele que se proponha a abri-los, lê-los atentamente e adquirir conhecimentos.

Os livros são de cores amarelada, indicando a mente, a razão e a sabedoria, e amarronzada, simbolizando a humildade que precisamos ter para receber os ensinamentos por eles ofertados.

Eles guardam grandes segredos da vida e do destino, mas, para compreendê-los, é preciso discernimento, análise, estudo e dedicação diante de tudo o que é vislumbrado.

A mesa é quadrada, mostrando estrutura e integridade. Sua cor cinza revela maturidade; necessidade de permanecer firme e refletir.

Este conjunto de livros nos sugere que devemos primeiro conhecer para depois decidir ou acreditar em algo. É a revelação do esforço intelectual, da inteligência, do raciocínio, da análise, das pesquisas e dos estudos.

As páginas dos livros desta carta contêm experiências e vivências que o destino nos reserva, advertindo que, quanto mais aprendemos, mais devemos nos aprimorar na arte de viver.

ELEMENTO: Ar (os pensamentos, o plano mental e a inteligência).

SIGNIFICADO GERAL

Análise, inteligência, necessidade de estudar e pensar antes de se decidir por algo; sabedoria que se adquire com os muitos caminhos que a vida oferece.

Esforço intelectual, o trabalho, as soluções alcançadas com a mente e o raciocínio.

Publicações, carreira acadêmica, especializações e aprimoramento. Pode indicar também o autodesenvolvimento por meio da cultura e de potenciais intelectuais.

Por vezes, esta carta representa o local de trabalho ou de estudos; papéis e documentos; burocracia e ações judiciais.

É um convite à reflexão e à possibilidade de analisar todos os lados de uma questão.

Recolhimento, segredos, sabedoria, maturidade e serenidade.

27
A Carta
*As mensagens
e os avisos*

DESCRIÇÃO E SIMBOLOGIA

Nesta carta, vemos a figura de um envelope branco, simbolizando que esta mensagem pode ser recebida como um aviso do universo.

Um selo vermelho lacra a carta, mostrando que as energias que a envolvem são ativas, importantes e não devem passar despercebidas.

A figura é simples, de fácil entendimento, e pode realçar ou até mesmo intensificar a mensagem de outras cartas que a acompanharem em uma leitura. Seu aviso é breve e rápido, porém nunca deve ser desprezado – é um sinal que se origina dos céus, indicando providência divina ou evocando um estado de alerta.

O fundo amarelo-claro que completa o cenário mostra a necessidade de sabedoria e agilidade para perceber avisos, alertas e ter cuidado.

A lamparina acesa ao lado da carta revela que a mensagem contida nela poderá iluminar momentos de escuridão e dificuldades.

ELEMENTO: Ar (a comunicação, o pensamento e a agilidade das ideias).

SIGNIFICADO GERAL

Alerta, aviso que contribui, cuidado, escritos, atenção e mensagens.

Comunicação e diálogo. Notícias, informação, algo que pertence ao momento presente, situações que precisam ser percebidas rapidamente e, embora o significado desta carta seja "neutro" (não respondendo sim nem não), ela intensifica o significado de outras cartas que surjam com ela.

Providência divina, surpresas e revelações rápidas.

28
O Cigano

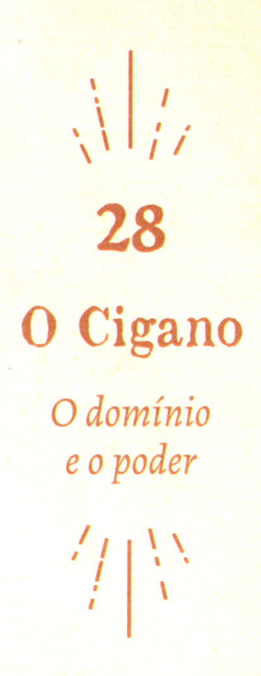

O domínio e o poder

DESCRIÇÃO E SIMBOLOGIA

Nesta carta, vemos um belo cigano imponente, seguro de si, cujo olhar é firme, demonstrando coragem para enfrentar qualquer desafio.

Sua barba lhe dá maturidade, com a qual ele age diante da vida.

O lenço amarelo que envolve sua cabeça simboliza a mente sempre em alerta e a sabedoria que cerca suas ações. Também traz a mensagem de que a razão é seu ponto de equilíbrio e seu guia em qualquer circunstância.

A camisa é vermelha, simbolizando a coragem; a calça marrom indica seu poder aqui na terra, dando-lhe a capacidade de realizar qualquer desejo.

Os pés estão descalços e firmes no chão, conferindo-lhe facilidade ao caminhar/vivenciar seu destino sem medos nem aflições.

Na cintura vemos uma faixa laranja, que representa a alegria de viver e o entusiasmo para a alma.

Os cordões de ouro e as joias que adornam seu pescoço, punhos e mãos são a riqueza e o poder nos mundos físico e espiritual.

Atrás do cigano vemos uma paisagem infinita e caminhos que estão abertos para seus desejos se tornarem realidade.

Pode ser a representação do pai, filho, irmão, chefe, companheiro ou de um homem poderoso que faça parte do destino do consulente.

Embora seja uma figura de poder, racionalidade e domínio, seus sentimentos são puros e verdadeiros.

Borboletas violeta voam em volta das flores, indicando a transformação e a liberdade adquiridas pela consciência do poder interior.

ELEMENTO: Terra (o poder, a realização e o domínio interior sobre a vida material).

SIGNIFICADO GERAL

Poder, domínio, convicção, ação, posse, realização, firmeza, execução, decisão e maturidade, alta confiança e estrutura. O provedor.

Sempre representa uma figura masculina de poder, podendo ser o pai, marido, companheiro, filho, chefe, amigo, um homem de poder ou até mesmo o próprio consulente.

Também há a possibilidade de indicar o lado masculino (de poder/domínio/realização) que todos possuem, independentemente do sexo.

Estabilidade, autoridade, ciúme, razão, força, empenho e dedicação. Trabalho árduo, conquista, obstinação e coragem.

29
A Cigana
A intuição e a confiança

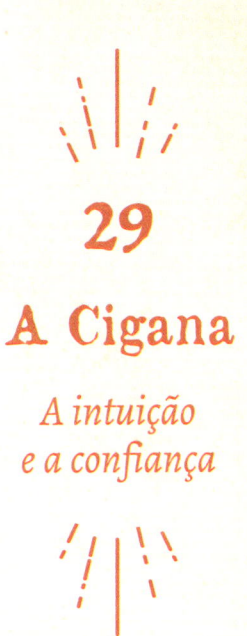

DESCRIÇÃO E SIMBOLOGIA

Nesta carta, vemos uma cigana que parece estar dançando com alegria em uma paisagem na qual a natureza se harmoniza perfeitamente com seu corpo. Esse cenário é a representação da vida, do amor e da renovação sincera de todos os caminhos que nos pertencem.

O céu azul e límpido indica proteção e sinceridade.

Uma cachoeira corre com leveza a seu lado, trazendo a força dos sentimentos e da intuição, fazendo-a seguir sempre em frente com a verdade de seu coração.

Os cabelos longos e negros da cigana demonstram força, maturidade e longevidade. As roupas coloridas indicam a necessidade de vivenciarmos todas as experiências possíveis e, assim, adquirirmos sabedoria.

Suas joias douradas trazem poder e riqueza às suas realizações na terra. Na mão direita, o bracelete de ouro e o anel de esmeralda indicam que ela só busca a verdade absoluta.

Uma estrela de cinco pontas dourada está pendurada em seu peito, demonstrando que seus poderes são divinos e que seu domínio está além da razão. Os pés, assim como os do cigano da carta anterior, estão descalços e firmes sobre a terra, simbolizando um forte equilíbrio entre razão e emoção.

A Cigana significa segurança, otimismo, confiança, fertilidade, expansão, sensatez, responsabilidade, criatividade e ambição. Traz sempre uma energia de magnetismo. É a senhora da magia, da intuição, sempre revelando mistérios. Pode ser a representação da mãe, filha, irmã, chefe, companheira ou de uma mulher poderosa que faça parte do destino do consulente. É um anúncio positivo de fé e abertura de caminhos, de sabedoria e vida que se renova.

ELEMENTOS: Água (os sentimentos que fluem) e Fogo (a espiritualidade que aflora livremente).

SIGNIFICADO GERAL

Intuição, sentimentos, confiança, sensatez, ambição, doação, criatividade, emoção, segurança, poder de decisão, otimismo, responsabilidade, generosidade e bondade.

Boa vontade, vida e renovação. Pode representar a mãe, filha, irmã, chefe, companheira, uma mulher poderosa ou a própria consulente.

Também há a possibilidade de indicar o lado feminino (de sentir/viver/realizar) que todos possuem, independentemente do sexo.

30

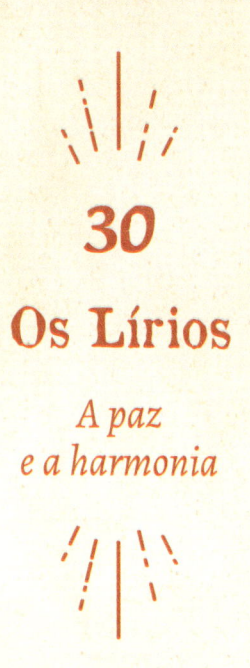

Os Lírios

*A paz
e a harmonia*

DESCRIÇÃO E SIMBOLOGIA

Nesta carta, estamos diante de uma linda paisagem onde lírios se abrem em plena primavera, à beira de uma cachoeira límpida e cristalina.

Os lírios são brancos, simbolizando a paz e a tranquilidade interior que devemos cultivar no coração. Nesse contexto, eles também são indício da honestidade e de proteção divina.

Podemos ver lírios grandes, que representam a divindade e sua magnitude, e lírios pequenos, como o homem em seu mundo, dando-nos a ideia de que tudo está contido na mesma esfera.

A cachoeira em sua correnteza abundante revela os sentimentos mais profundos e harmônicos. É a solução, a esperança, a vida e o amor incondicional que ultrapassa os limites humanos.

A água tem tons de verde-água, mostrando que navegar pela vida pode ser algo tranquilo e sereno, sem ansiedade nem aflições – é como a alma em busca de sua plenitude, movendo-se a cada instante rumo à evolução.

Aqui renascem todos os desejos sinceros, puros e cristalinos de paz, equilíbrio e felicidade.

O verde-escuro das folhagens demonstra gratidão, esperança e renovação.

ELEMENTO: Água (a sinceridade e os afetos verdadeiros).

SIGNIFICADO GERAL

Equilíbrio, proteção, harmonia, desprendimento, felicidade, autoconhecimento, propósitos de alma, tranquilidade, serenidade, aconchego, sinceridade, sentimentos puros e sinceros, alegria sem euforia, bem-estar, paz interior, os desejos da alma, a descoberta de Deus dentro do próprio "eu".

Período feliz, fim das crises e novas perspectivas. Reconciliações, compaixão, alquimia interior e perdão.

Em alguns momentos esta carta simboliza a intuição, a vida espiritual e a sintonia com o universo. Espontaneidade e inocência.

É sempre um sinal positivo de boas energias que chegarão pacientemente; anuncia também o fluxo natural do tempo que corre sem nossa interferência.

31
O Sol
*O sucesso
e a plenitude*

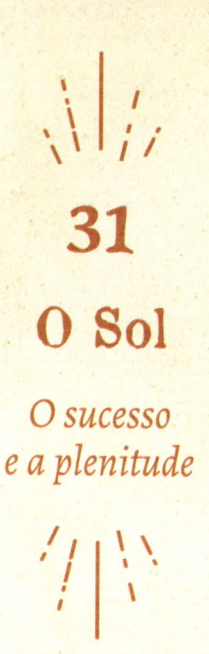

DESCRIÇÃO E SIMBOLOGIA

Nesta carta, vemos a imagem do grande Sol, que a todos ilumina com seus raios de energia absoluta. Sua cor amarelo-ouro é um indício de consciência, claridade e iluminação mental, emocional e espiritual.

Considerado símbolo da juventude e do calor que protege o universo, O Sol traz mensagens de boas-novas e realização.

Sua forma circular indica o infinito, a criação divina e a eternidade: o elo sem fim.

Esta carta emana sabedoria, tranquilidade e fé, para que todas as dificuldades sejam enfrentadas com coragem.

A presença deste símbolo em uma consulta deve ser percebida com total seriedade, pois sua mensagem está inteiramente ligada ao despertar interior e à conscientização de algo importante para a alma.

Sob a luz do dia, nada deve permanecer oculto ou guardado; aqui percebemos a luz da verdade em seu mais alto grau, sendo esta manifestada em todos os sentidos.

A luz que O Sol anuncia é eterna e, com ela, conseguiremos alcançar a força criativa que reside no mundo interior.

Também podemos perceber nesta carta uma vegetação brotando de um solo árido – indício da esperança que se renova com a luz do sol. É o nascimento e a luz levando para longe as trevas, a escuridão e o frio que assombram a vida.

ELEMENTO: Fogo (a chama que aquece o espírito e ilumina a alma).

SIGNIFICADO GERAL

Prosperidade, luz, vitória, autoafirmação, momentos felizes, inteligência, energia vital, casamento, união, sociedade, força criativa, poder, crescimento, propósito de almas, energias benéficas, brilho pessoal, sabedoria, clareza, verdade, iluminação da alma, claridade, consciência, harmonia, reconhecimento, encontro de almas gêmeas. Ânimo e poder interior. Cura, longevidade e vigor.

Pode representar o pai ou uma figura masculina importante na vida do consulente; autoconhecimento, ascensão, alegrias, sucesso, realização, inteligência ativa, plenitude, expansão, nascimento e progresso.

32
A Lua

O reconhecimento e as mudanças

DESCRIÇÃO E SIMBOLOGIA

Nesta carta, vemos apenas uma noite escura sendo iluminada pela lua cheia, que anuncia grandes mistérios de poder e magia. A escuridão representa o inconsciente, o mais profundo e desconhecido caminho da alma.

A lua cheia que preenche este cenário indica mudanças – pois a lua passa constantemente por mudanças de fase: nova, crescente, cheia e minguante –, anunciando um período altamente fértil para a intuição e os poderes mágicos do espírito.

Para os ciganos, a lua representa reconhecimento, honrarias, sonhos, desejos, e a energia dela é de grande importância para seus rituais mais sagrados.

Esta carta simboliza o poder oculto que corre pela vida, que pode vir a ser revelado, um segredo, algo que está guardado, ou desconforto em algum aspecto emocional.

A lua em tons prateados direciona a intuição, devendo ser seguida como um guia que abre as portas do desconhecido.

ELEMENTO: Água (as profundezas das emoções e da intuição).

SIGNIFICADO GERAL

Reconhecimento de algo ou dos próprios valores, sensibilidade, intuição, sonhos, desejos, fantasias, honrarias, mudanças (de casa, cidade, trabalho etc.), fé, poder da magia e influências do plano astral. Sentimentos ocultos, labirintos interiores, lembranças do passado, inseguranças, humores alterados.

Em um sentido mais sutil, pode indicar uma vida emocional conturbada e situações do passado desta vida ou de outras encarnações que precisem ser resolvidas no presente.

Pode indicar também a influência da mãe ou até mesmo de uma figura feminina de poder na vida do consulente, ou ainda um segredo, algo oculto ou um mistério que precisa ser revelado.

Medo do futuro, escuridão interior, confusão emocional e instabilidade.

Traz facilidade de adaptação. Mostra ainda que sempre devemos respeitar as necessidades interiores e acolhermos as noites escuras dentro de nós.

33

A Chave

A abertura de caminhos e as soluções

DESCRIÇÃO E SIMBOLOGIA

Nesta carta, vemos uma grande chave dourada envolta em luz amarelada, que intensifica seu significado. Ela é o símbolo da solução para os conflitos e da abertura de caminhos.

A cor dourada mostra que sua energia é benéfica e, com ela, podemos receber influências de poder e manifestação de realizações concretas.

É necessário nos conscientizarmos de que a chave só pode funcionar quando empenhamos esforços, desejo e ação. Portanto, aqui temos a condição de usá-la em nosso benefício, em acordo com o livre-arbítrio.

A luz que a envolve nos sugere que, a cada porta que abrimos, temos a oportunidade de aprender e evoluir.

A Chave também é o indício de que respostas para dúvidas, incertezas, questionamentos e conflitos estejam surgindo.

Visto que toda e qualquer porta pode ser aberta, o empenho deve ser constante para se percorrer os caminhos que conduzirão ao progresso e ao sucesso.

ELEMENTO: Terra (a realização, o mundo prático das ações).

SIGNIFICADO GERAL

Abertura de caminhos, progresso, soluções, realização, uma ideia, um plano, saída positiva, ajuda, algo ou alguém que indique um caminho.

Necessidade de empenho e de ação, respostas, oportunidades que trazem aprendizado e evolução. Fim dos mistérios, revelação.

É preciso saber usar as "chaves" que a vida oferece em benefício de si mesmo ou de alguma questão.

Fim de conflitos com base em decisões e escolhas individuais. Livre-arbítrio, consciência, coragem e determinação.

Vale lembrar que dentro das filosofias espirituais e tradições esotéricas, quando recebemos ou encontramos uma chave, somos considerados iniciados. Sendo assim, a chave é um símbolo que nos convida a empreender esforço pessoal para vencer situações difíceis, mas que nos trarão iluminação interior e progresso.

34
Os Peixes
A prosperidade e o dinheiro

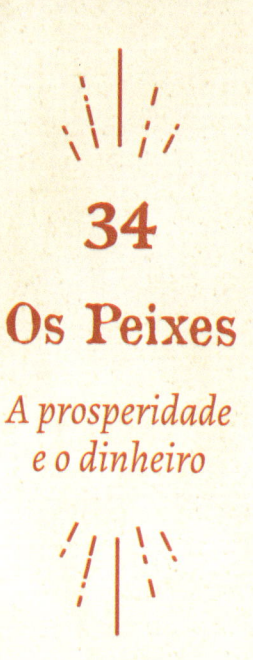

DESCRIÇÃO E SIMBOLOGIA

Nesta carta, vemos peixes multicoloridos nadando harmonicamente em um lago de águas tranquilas. Essas águas limpas e claras indicam honestidade, pureza e o fluxo da vida em movimento constante, levando todos os navegantes rumo ao progresso absoluto.

O peixe também simboliza a Era de Peixes, que o Mestre Jesus conduziu, trazendo a toda a humanidade sua mensagem de amor e milagres.

As lendas ciganas contam que Jesus esteve entre seus 12 e 33 anos andando por entre o povo cigano, aprendendo sobre os grandes mistérios da vida e peregrinando com eles por diversos lugares. Um dos milagres mais conhecidos de Jesus em sua vida mítica foi o da multiplicação dos pães e dos peixes, portanto, nesta figura, deparamo-nos com a realização, o progresso, a abundância, a boa fortuna e a felicidade no plano material.

As variadas cores dos peixes são indício de alegria, triunfo e boas energias.

ELEMENTO: Água (da fluidez e abundância na vida).

SIGNIFICADO GERAL

Sorte, progresso material, dinheiro, vida, prosperidade, milagres, lucros, recompensa material, conquista financeira, abundância, boa fortuna, riqueza, grandeza, milagres, multiplicação, fecundidade, opulência, realização, concretização de algo no plano físico.

É o aviso de boas energias que logo tomarão forma na vida do consulente.

Pode ainda ser o patrimônio, a energia dos ganhos e das recompensas trazidos como algo importante pelo universo.

Promessa de boa fortuna, concretização de sonhos e desejos, tirando-os do plano mental e trazendo-os para o mundo físico.

Fluxo natural da vida, flexibilidade, intuição, equilíbrio entre o físico e o espiritual, felicidade, contentamento, alegria e ascensão. Também cura e esperança pela chegada de dias melhores.

35
A Âncora

A segurança e a estabilidade

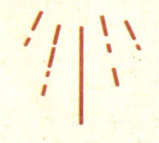

DESCRIÇÃO E SIMBOLOGIA

Nesta carta, vemos uma âncora fixada em terra firme, que nos passa a imagem de porto seguro.

O mar azul-claro indica que o momento é para se aconchegar e nada temer, pois a turbulência já passou e agora é a hora do descanso.

A âncora está amarrada em uma corda marrom, que simboliza a estabilidade e a confiança.

O cinza-chumbo da âncora nos aproxima da ideia de que algo permanecerá firme, seguro e estável.

Quanto ao solo que guarda a âncora, vemos que é limpo, revelando que as dificuldades, os problemas e as angústias não serão mais motivo de impedimentos ou sofrimento. Sua cor clara é agradável, fortalecendo a ideia de confiança.

Esta carta pode trazer uma mensagem muito significativa, evidenciando a segurança interior ou a estabilidade emocional. Ela anuncia sempre algo positivo diante da personalidade, do caráter e do comportamento de um indivíduo.

ELEMENTO: Terra (o solo firme e a segurança).

SIGNIFICADO GERAL

Segurança, estabilidade, êxito, sucesso, vida feliz, confiança, a base das realizações, patrimônio, confiabilidade, dificuldades que são superadas.

Momentos felizes, consolidação, certeza interior, autoconfiança, fé e crença em algo que trará resultados positivos.

Maturidade, necessidade de permanecer firme nas decisões ou em alguma situação.

Sinal positivo de estabilidade chegando em vários níveis: mental, espiritual, emocional e material, pois esta mensagem sempre sinaliza algo sólido, em que precisamos acreditar.

Negativamente pode indicar ideias fixas, paralisação, dificuldade para mudar e acomodação.

Mas, de modo geral, esta carta possibilita novos investimentos, pede que o consulente não desista de seus sonhos mais antigos e raros, ou pode, ainda, anunciar que é chegada a hora de ter novos projetos para um futuro próximo e cercado de progresso.

36
A Cruz
A vitória e a salvação

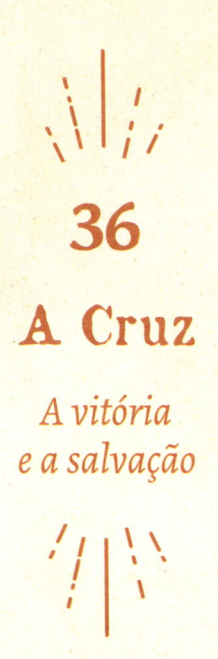

DESCRIÇÃO E SIMBOLOGIA

Nesta carta, vemos uma cruz marrom toda adornada com pedras preciosas e raios de luz amarela que dela emanam.

A cruz, que sempre é considerada sinônimo de sofrimento, peso, castigo e morte, aqui perde toda essa simbologia maléfica.

Para os ciganos, a cruz representa a ideia posterior à morte e ao sacrifício; sendo assim, a carta é uma mensagem de libertação, salvação e vitória, em comparação à história de Jesus, o Mestre, que foi castigado, crucificado, morto e ressuscitado, salvando toda a humanidade por amor.

A luz dourada que emana do centro da cruz indica a vida sendo alcançada e o triunfo imperando após todos os sacrifícios e dores.

As pedras preciosas que a adornam revelam que essa vitória é rica em aprendizado e conquistas, mostrando que todos devem encontrar seu tesouro (sonhos, amores, desejos e aspirações) para ser mais felizes.

Se algum sofrimento ainda estiver sendo vivenciado, esta cruz sinaliza um resultado de sucesso e redenção.

A cruz marrom demonstra humildade e desapego de sentimentos egoístas e negativos. Também anuncia despojamento, no sentido de anular situações e emoções irrelevantes que não tenham valor para a evolução da alma. A mensagem é de proteção divina, que age, interfere e realiza sem que o indivíduo perceba, permita ou peça.

Pode representar também a força do destino, algo que de fato vai ocorrer, não importando a vontade do indivíduo, pois esse acontecimento será importante.

É um convite à vitória e ao êxito depois de um período de lutas, batalhas, desafios, aprendizados e sofrimentos.

No Baralho Cigano, a cruz é o símbolo máximo de otimismo e vitória.

ELEMENTOS: Fogo, Terra, Ar e Água (juntos, dando a ideia de totalidade).

SIGNIFICADO GERAL

Vitória, destino, ascensão, otimismo, fé, autoconfiança, sabedoria espiritual, supremacia, melhora, favorecimento, metas que são alcançadas com sucesso. Êxito e salvação, colocando fim a um período de sofrimentos e incertezas.

Conquista, vida que invade a vida, a solução, o destino e o tesouro interior que deve ser encontrado por cada um de nós.

Uma das melhores cartas do Baralho Cigano, que anuncia grandes realizações pelo caminho e pede que o consulente não desista de seus ideais.

Uma situação que pode se transformar em uma cruz pesada e cheia de dores e sacrifícios, ou então ser símbolo de proteção, libertação e felicidade.

CAPÍTULO 5

MÉTODOS DE TIRAGEM

Cada tiragem é um método específico usado para responder a perguntas do consulente por meio da cartomancia. Em cada uma delas, há um número certo de cartas que o consulente seleciona e entrega ao oraculista, uma de cada vez. O oraculista, por sua vez, vai dispondo as cartas voltadas para baixo à sua frente, cada uma em determinada posição, que carrega temas e significados os quais comporão a leitura à medida que as cartas forem abertas.

Por isso, conhecer diferentes métodos de tiragem possibilita ao oraculista responder à pergunta do consulente de maneira mais específica, aprofundando-se com mais clareza e precisão nas questões apresentadas.

É o tipo de pergunta feita que vai determinar a melhor tiragem a ser usada. Cada baralho de cartomancia possui tiragens próprias, já consagradas pelo tempo, e com o Baralho Cigano não é diferente. Entretanto, à medida que você criar intimidade com as cartas e seus significados, será capaz de criar os próprios métodos de tiragem e leitura, valendo-se tanto da própria intuição quanto do conhecimento que for sendo adquirido por meio dos estudos.

A seguir, ensinaremos alguns dos métodos mais comuns para adivinhação com o Baralho Cigano. Experimente todos eles para praticar e ganhar familiaridade com cada um, assim poderá descobrir aqueles que mais o interessarão.

MESA REAL

Este é o mais clássico dos métodos de tiragem associados ao Baralho Cigano, e também o mais elaborado. Nele, usamos todas as cartas, que são dispostas à nossa frente como um grande tabuleiro (daí vem o nome francês dessa tiragem: Grand Tableau), fornecendo uma visão geral e ampla da vida do consulente como um todo.

Nessa tiragem, as cartas vão nos contando uma história à medida que são viradas e interpretadas. Isso nos remete àquele uso antigo delas no Jogo da Esperança, quando eram utilizadas de maneira lúdica para construir uma história, como discutimos no Capítulo 1.

Como utiliza todas as cartas, a Mesa Real nos permite contemplar um panorama do momento presente do consulente e, por intermédio dele, identificar as tendências para o futuro. Isso também faz deste o método mais complexo de interpretação, o que significa que exigirá de você prática, paciência e familiaridade com cada carta e seu significado. É justamente por isso que ele é um excelente método para aprender a enxergar padrões e semelhanças entre as diferentes lâminas do Baralho Cigano, construindo assim intimidade com sua simbologia.

A tiragem da Mesa Real é feita da seguinte maneira:

- Embaralhe as cartas no mínimo três e no máximo sete vezes.
- Coloque o monte de cartas no centro da mesa.
- Peça ao consulente que corte o monte três vezes em sua direção.
- Recolha os montes na seguinte ordem: primeiro o que está perto do consulente, depois o mais próximo de você e por último o que restou.
- Abra um leque com as figuras voltadas para baixo em frente ao consulente.
- Peça a ele que lhe dê todas as cartas, retirando uma carta por vez aleatoriamente.
- Disponha as cartas montando quatro linhas horizontais com nove cartas em cada uma delas.
- As cartas deverão permanecer sempre com as figuras voltadas para baixo antes de a interpretação ser realizada.

O jogo deverá montado da seguinte maneira:

1ª Linha	01	02	03	04	05	06	07	08	09
2ª Linha	10	11	12	13	14	15	16	17	18
3ª Linha	19	20	21	22	23	24	25	26	27
4ª Linha	28	29	30	31	32	33	34	35	36

Interpretação

Com todas as cartas dispostas à sua frente de acordo com o esquema anterior, ainda com as figuras voltadas para baixo, é hora de começar a virar cada carta e iniciar sua interpretação, relacionando o significado das lâminas à medida que vão sendo viradas.

Entretanto, você não vai virar as cartas seguindo a sequência linear que usou para dispô-las a sua frente. Nesse método, elas são sempre interpretadas de duas em duas: você deve começar virando a primeira carta da primeira linha (correspondente à posição 01) e a última carta da quarta linha (posição 36), combinando-as para compor sua interpretação.

O virar das cartas seguirá sempre essa mesma sequência: o próximo par de cartas a ser interpretado será a lâmina seguinte à posição 01 e a anterior à posição 36, ou seja, as cartas 02 e 35. O próximo par será 03 e 34, seguido por 04 e 33, e assim por diante, até que você vire por último as cartas correspondentes às posições 18 e 19. O esquema a seguir vai lhe mostrar as cartas que devem ser viradas conjuntamente (observe esta sequência: 01-01; 02-02 etc.).

01	02	03	04	05	06	07	08	09
10	11	12	13	14	15	16	17	18
18	17	16	15	14	13	12	11	10
09	08	07	06	05	04	03	02	01

RODA DA FORTUNA

A tiragem da Roda da Fortuna é um método útil para analisar uma situação específica na vida do consulente, pois ela traz entendimento ao tema, indica-nos a raiz do problema e nos aconselha sobre a melhor maneira de proceder, além de revelar tendências para acontecimentos futuros.

Ela pode ser usada quando o consulente traz uma pergunta específica, deseja buscar orientação para lidar com um problema ou mesmo quando sugere um tema específico de sua vida, e usa apenas cinco cartas.

Proceda da seguinte maneira:

- Embaralhe as cartas, no mínimo três e no máximo sete vezes.
- Coloque o monte de cartas no centro da mesa.
- Peça ao consulente que corte o monte três vezes em sua direção.
- Recolha os montes na seguinte ordem: primeiro o que está perto do consulente, depois o mais próximo de você e, por último, o que restou.
- Abra um leque com as figuras voltadas para baixo na frente do consulente.
- Formule a questão ou peça ao consulente que faça uma pergunta em voz alta.
- O consulente deverá retirar cinco cartas de maneira aleatória, uma de cada vez, entregando-as a você.

À medida que receber as cartas, vá dispondo-as da seguinte maneira:

Interpretação

Vire uma carta de cada vez, fazendo sua interpretação de acordo com a relação entre o significado da carta e o tema da posição onde ela se encontra:

Carta 1 – O Consulente: representa o consulente diante da questão, como ele pensa, age e se sente no presente. Indica como ele vivencia o tema da tiragem, revelando seu comportamento e também sua atitude mental e emocional diante da situação.

Carta 2 – A Situação: representa a situação como ela realmente é, independentemente de interferências externas, vontades ou desejos do consulente. Essa carta nos ajudará a compreender a raiz da questão e suas origens, trazendo mais clareza ao tema analisado.

Carta 3 – O Conselho: representa as atitudes que o consulente deve ter com relação à situação e como ele deve proceder. Também pode indicar uma mudança de atitude, interior e exterior, para que o consulente atravesse a questão analisada.

Carta 4 – O Futuro: representa o desfecho da situação, os resultados e o que vai acontecer em um futuro próximo para o consulente.

Carta 5 – Os Resultados: representa mais uma vez o consulente, mas agora no fim do processo, revelando como ele vai lidar e se sentir com os resultados finais da questão; também é uma mensagem final do Baralho Cigano.

Ao terminar de virar as cinco cartas e fazer suas interpretações, você poderá pedir ao consulente que tire uma ou mais cartas adicionais para complementar a interpretação ou esclarecer alguma dúvida que tenha surgido durante a tiragem. Ao fazer isso, posicione a carta ao lado da posição que deseja esclarecer ou na qual queira se aprofundar, e interprete-a, relacionando o significado de ambas as lâminas.

Lembre-se de que, com esse procedimento, o significado da nova lâmina tirada deverá complementar, e não anular, aquilo que a primeira carta já havia indicado.

PRESENTE, PASSADO E FUTURO

Esta é uma tiragem de três cartas que vai nos mostrar o desencadeamento de uma situação, partindo do passado, que ajudará a compreender o momento presente e entender como este nos levará, em decorrência, às tendências futuras. Ela nos mostra as inter-relações dos acontecimentos, podendo revelar emoções, comportamentos ou situações que não estavam claros ao consulente.

Para fazer essa tiragem, proceda da seguinte maneira:
- Embaralhe as cartas, no mínimo três e no máximo sete vezes.
- Coloque o monte no centro da mesa.
- Peça ao consulente que corte o monte três vezes em sua direção.
- Recolha os montes na seguinte ordem: primeiro o que está perto do consulente, depois o mais próximo de você e por último o que restou.
- Abra um leque em frente ao consulente com as figuras voltadas para baixo.
- Peça a ele que formule a pergunta em voz alta e retire três cartas aleatoriamente, uma a uma.

Disponha as cartas nas seguintes posições:

Interpretação

Primeira carta: representa os fatores do passado que geraram determinada situação ou então algo importante que aconteceu e que, de alguma maneira, interferiu na questão astral.

Segunda carta: representa os fatores do presente e como a situação se apresenta ao consulente.

Terceira carta: representa os fatores do futuro e os resultados que serão atingidos.

RESPOSTAS OBJETIVAS – SIM OU NÃO

Este método pode servir quando queremos uma resposta rápida e objetiva do Tarô Cigano.

De forma simples, também podemos utilizá-lo para complementar algum outro método, a fim de responder a dúvidas que não foram solucionadas durante a consulta.

Proceda da seguinte maneira:
- Embaralhe as cartas no mínimo três vezes e no máximo sete vezes.
- Coloque o monte de cartas no centro da mesa.
- Peça ao consulente que corte o monte três vezes em sua direção.
- Recolha os montes na seguinte ordem: primeiro o que está perto do consulente, depois o mais próximo de você e por último o que restou.

- Abra um leque com as figuras voltadas para baixo em frente ao consulente.
- Peça a ele que formule a questão em voz alta e retire uma carta.
- Interprete o significado e, nas tabelas a seguir, veja como cada carta pode responder objetivamente.

O CAVALEIRO	Responde como:
AMOR	Sim – Conquistas afetivas/Boas notícias
TRABALHO	Sim – Novos inícios/Algo a caminho
FINANÇAS	Abertura de caminhos/Investimentos
SAÚDE	Melhora e boa saúde
ESPIRITUAL	Realização/Busca espiritual
AS PEDRAS	Responde como:
AMOR	Não – Frustração e desentendimentos
TRABALHO	Não – Dificuldades e obstáculos
FINANÇAS	Não – Problemas e dificuldades
SAÚDE	Não – Problemas que serão superados
ESPIRITUAL	Não – Impedimentos e aprendizado
O NAVIO	Responde como:
AMOR	Sim – Afeto sincero/Felicidade
TRABALHO	Sim – Novos horizontes/Viagens
FINANÇAS	Sim – Mudanças lentas/Progresso
SAÚDE	Sim – Equilíbrio e cura
ESPIRITUAL	Sim – Renovação e proteção

A CASA	Responde como:
AMOR	Sim – Apoio afetivo e equilíbrio
TRABALHO	Sim – Estrutura e estabilidade
FINANÇAS	Sim – Sucesso em empreendimentos
SAÚDE	Sim – Boa saúde
ESPIRITUAL	Sim – Poder e equilíbrio

A ÁRVORE	Responde como:
AMOR	Sim – Companheirismo/Amadurecimento
TRABALHO	Sim – Estabilidade e prosperidade
FINANÇAS	Sim – Colheita e ganhos no longo prazo
SAÚDE	Sim – Renovação/Longevidade
ESPIRITUAL	Sim – Felicidade e fraternidade

OS VENTOS	Responde como:
AMOR	Dúvida – Dúvidas e conflitos
TRABALHO	Dúvida – Dúvidas e instabilidade
FINANÇAS	Dúvida – Situação instável e problemas passageiros
SAÚDE	Dúvida – Saúde emocional desequilibrada
ESPIRITUAL	Dúvida – Conflitos interiores e indecisão

A SERPENTE	Responde como:
AMOR	Não – Intrigas, desestruturação e traição
TRABALHO	Não – Falsidade e perdas desleais/Ataques
FINANÇAS	Não – Perdas e riscos
SAÚDE	Não – Saúde fragilizada e problemas que sempre vão e voltam
ESPIRITUAL	Não – Negatividade e más influências/Transformação

A MORTE	Responde como:
AMOR	Não – Rompimento e separação
TRABALHO	Não – Fim de ciclo/Mudanças radicais
FINANÇAS	Não – Perdas se houver investimentos
SAÚDE	Não – Desgastes; fim dos problemas
ESPIRITUAL	Não – Purificação e regeneração

O RAMALHETE	Responde como:
AMOR	Sim – Felicidade
TRABALHO	Sim – Alegria e triunfo
FINANÇAS	Sim – Resultados favoráveis e prosperidade
SAÚDE	Sim – Estabilidade e cura
ESPIRITUAL	Sim – Evolução e proteção

A FOICE	Responde como:
AMOR	Não – Reavaliação e transição
TRABALHO	Não – Transformações necessárias
FINANÇAS	Não – Perdas e desgastes se não houver transformações
SAÚDE	Neutra – Problemas que terão fim
ESPIRITUAL	Neutra – Falta de crescimento pessoal

O CHICOTE	Responde como:
AMOR	Sim – Atração física/Desejos ardentes
TRABALHO	Sim – Esforços recompensados/Autoridade
FINANÇAS	Sim – Necessidade de investimento
SAÚDE	Sim – Boa saúde, sensibilidade em órgãos sexuais
ESPIRITUAL	Sim – Força e equilíbrio

OS PÁSSAROS	Responde como:
AMOR	Sim – Felicidade e alegria/Liberdade
TRABALHO	Sim – Vitória e harmonia/Novos horizontes
FINANÇAS	Sim – Sorte e contentamento
SAÚDE	Sim – Boa saúde, pequenos contratempos
ESPIRITUAL	Sim – Proteção e liberdade
A CRIANÇA	**Responde como:**
AMOR	Sim – Inocência/Infantilidade
TRABALHO	Sim – Renovação e boas oportunidades/Imaturidade
FINANÇAS	Sim – Novos investimentos
SAÚDE	Sim – Boa saúde, possibilidade de gravidez
ESPIRITUAL	Sim – Boas energias
A RAPOSA	**Responde como:**
AMOR	Não – Enganos e desilusão/Alerta
TRABALHO	Não – Armadilhas e perigos/Necessidade de estratégias
FINANÇAS	Não – Perdas e prejuízos/Riscos
SAÚDE	Não – Desgastes
ESPIRITUAL	Não – Perda de energia/Alerta
O URSO	**Responde como:**
AMOR	Não – Paixão ilusória e falsidade
TRABALHO	Não – Frustração e traição
FINANÇAS	Não – Perdas e infortúnios
SAÚDE	Não – Saúde comprometida/Cuidados com o emocional
ESPIRITUAL	Não – Influências negativas do astral, necessidade de purificação

AS ESTRELAS	Responde como:
AMOR	Sim – Felicidade e afetos sinceros
TRABALHO	Sim – Vida nova e realização/Brilho pessoal
FINANÇAS	Sim – Sorte e equilíbrio/Oportunidades
SAÚDE	Sim – Boa saúde
ESPIRITUAL	Sim – Fé e proteção
A CEGONHA	**Responde como:**
AMOR	Sim – Novidades e felicidade
TRABALHO	Sim – Oportunidades e bons presságios
FINANÇAS	Sim – Alegria e investimento
SAÚDE	Sim – Boa saúde, possibilidade de gravidez
ESPIRITUAL	Sim – Coragem e libertação
O CÃO	**Responde como:**
AMOR	Sim – Companheirismo e lealdade
TRABALHO	Sim – Honestidade e parcerias
FINANÇAS	Sim – Progresso e bons investimentos
SAÚDE	Sim – Boa saúde
ESPIRITUAL	Sim – Proteção e acolhimento
A TORRE	**Responde como:**
AMOR	Não – Reavaliação, desapego do passado e solidão visando à evolução
TRABALHO	Não – Paciência e espera/Amadurecimento
FINANÇAS	Não – Paciência e espera/Não favorece investimentos
SAÚDE	Neutra – Necessidade de cuidados
ESPIRITUAL	Sim – Proteção e autoconhecimento

O JARDIM	Responde como:
AMOR	Neutra – Questionamentos necessários
TRABALHO	Neutra – Colheita se houver dedicação
FINANÇAS	Neutra – Colheita se houver bom plantio
SAÚDE	Sim – Boa saúde e longevidade
ESPIRITUAL	Sim – Sabedoria e fortalecimento

A MONTANHA	Responde como:
AMOR	Sim – Solidez e esperança
TRABALHO	Sim – Força de vontade/Segurança
FINANÇAS	Sim – Obstáculos superados/Perseverança
SAÚDE	Sim – Boa saúde
ESPIRITUAL	Sim – Equilíbrio

OS CAMINHOS	Responde como:
AMOR	Sim – Rumo certo e escolhas
TRABALHO	Sim – Vitória/Oportunidades
FINANÇAS	Sim – Abertura caminhos/Bons presságios
SAÚDE	Sim – Boa saúde
ESPIRITUAL	Sim – Sabedoria e forças do destino agindo favoravelmente

OS RATOS	Responde como:
AMOR	Não – Aborrecimentos e desequilíbrio/Agressividade
TRABALHO	Não – Desgastes e prejuízos
FINANÇAS	Não – Perdas/Avareza
SAÚDE	Não – Saúde debilitada
ESPIRITUAL	Não – Perda de energias, vampirismo/Necessidade de purificação

O CORAÇÃO	Responde como:
AMOR	Neutra – Sentimentos intensos
TRABALHO	Neutra – Deve-se ouvir a voz interior
FINANÇAS	Neutra – Deve-se tirar outra carta
SAÚDE	Neutra – Interferências emocionais
ESPIRITUAL	Neutra – Sensibilidade e intuição
AS ALIANÇAS	**Responde como:**
AMOR	Sim – Almas gêmeas/Felicidade
TRABALHO	Sim – Parcerias e oportunidades
FINANÇAS	Sim – Ajuda e progresso
SAÚDE	Sim – Boa saúde
ESPIRITUAL	Sim – Proteção e elo espiritual
OS LIVROS	**Responde como:**
AMOR	Neutra – Recolhimento e reflexão
TRABALHO	Sim – Sabedoria e maturidade
FINANÇAS	Neutra – Necessidade de análise e espera
SAÚDE	Neutra – Prestar mais atenção na saúde como um todo
ESPIRITUAL	Sim – Sabedoria/Novos conhecimentos
A CARTA	**Responde como:**
AMOR	Neutra – Notícias e revelações
TRABALHO	Neutra – Notícias importantes
FINANÇAS	Neutra – Deve-se tirar outra carta
SAÚDE	Neutra – Deve-se tirar outra carta
ESPIRITUAL	Neutra – Avisos e mensagens espirituais

O CIGANO	Responde como:
AMOR	Sim – Realização/Possessividade
TRABALHO	Sim – Poder e trabalho árduo
FINANÇAS	Sim – Conquistas
SAÚDE	Sim – Boa saúde
ESPIRITUAL	Sim – Força e autocontrole

A CIGANA	Responde como:
AMOR	Sim – Estabilidade/Emoção/Sentimentos
TRABALHO	Sim – Expansão e ambição
FINANÇAS	Sim – Realização e progresso
SAÚDE	Sim – Boa saúde
ESPIRITUAL	Sim – Intuição e otimismo

OS LÍRIOS	Responde como:
AMOR	Sim – Sentimentos puros e afeto/Paz
TRABALHO	Sim – Estabilidade e tranquilidade
FINANÇAS	Sim – Equilíbrio e paciência
SAÚDE	Sim – Boa saúde
ESPIRITUAL	Sim – Proteção, intuição e harmonia

O SOL	Responde como:
AMOR	Sim – Amor, união de almas gêmeas e plenitude
TRABALHO	Sim – Vitória e ascensão/Reconhecimento
FINANÇAS	Sim – Progresso e ganhos
SAÚDE	Sim – Boa saúde, sensibilidade nos olhos/Cirurgias estéticas
ESPIRITUAL	Sim – Autoconhecimento e consciência

A LUA	Responde como:
AMOR	Não – Fantasia, algo oculto, confusão emocional
TRABALHO	Sim – Reconhecimento e mudanças
FINANÇAS	Neutra – Instabilidade material/Cautela
SAÚDE	Neutra – Problemas emocionais/Vícios
ESPIRITUAL	Sim – Intuição e influências astrais

A CHAVE	Responde como:
AMOR	Sim – Realização e escolhas
TRABALHO	Sim – Abertura de caminhos e determinação
FINANÇAS	Sim – Solução e progresso
SAÚDE	Sim – Boa saúde
ESPIRITUAL	Sim – Livre-arbítrio e consciência

OS PEIXES	Responde como:
AMOR	Sim – Realização de desejos/Vitória
TRABALHO	Sim – Progresso, prosperidade e ascensão
FINANÇAS	Sim – Ganhos, boa fortuna e sorte
SAÚDE	Sim – Boa saúde/Cura
ESPIRITUAL	Sim – Milagres e boas energias

A ÂNCORA	Responde como:
AMOR	Sim – Estabilidade e confiança/Inflexibilidade
TRABALHO	Sim – Segurança e consolidação
FINANÇAS	Sim – Dificuldades superadas e patrimônio
SAÚDE	Sim – Boa saúde/Longevidade
ESPIRITUAL	Sim – Equilíbrio e fé

A CRUZ	Responde como:
AMOR	Sim – Vitória e felicidade/Fim de qualquer sofrimento
TRABALHO	Sim – Ascensão, sucesso/Melhora considerável
FINANÇAS	Sim – Ganhos e êxito
SAÚDE	Sim – Boa saúde/Cura
ESPIRITUAL	Sim – Salvação e proteção

COMO PREVER O TEMPO FUTURO NO BARALHO CIGANO

Uma das dúvidas mais frequentes em todos os sistemas de cartomancia é sobre os métodos para determinar o tempo dos acontecimentos futuros. Entre os oraculistas, esse é sempre um tema de debate e discussão, e com os estudiosos do Baralho Cigano não é diferente.

Vejamos então algumas maneiras para interpretar o tempo que algo levará para se manifestar, de acordo com a tiragem escolhida.

A soma das cartas

Este é o método mais conhecido e popular para se fazer previsões de tempo utilizando o Baralho Cigano, e é o que eu, particularmente, uso em minhas leituras. Ele pode ser aplicado a qualquer método de tiragem escolhido, seguindo o mesmo princípio que veremos no exemplo da próxima página.

A técnica consiste em somar os valores de cada uma das cartas na tiragem e depois reduzir os algarismos, somando-os entre si, para se obter um resultado numérico final entre os números 1 e 12. Esse valor indicará o mês em que se pode esperar o resultado: janeiro (1), fevereiro (2), março (3), abril (4), maio (5), junho (6), julho (7), agosto (8), setembro (9), outubro (10), novembro (11) e dezembro (12).

Vejamos um exemplo com uma tiragem de três cartas e determinemos o mês em que podemos esperar pelo resultado final:

O Cão (18) + A Chave (33) + A Casa (4)

O primeiro passo é somar os valores de cada carta (18 + 33 + 4). Fazendo isso, obtemos como resultado o número 55. Como 55 é maior que 12, somamos seus algarismos (5 + 5), reduzindo o resultado, e chegamos assim ao número 10. Isso indica que o evento tende a se concretizar no décimo mês do ano (outubro).

Cartas indicativas de tempo

Outra maneira comum para avaliar o tempo de resultado em relação a uma situação, e que você pode utilizar em outros métodos de tiragem, é prestar atenção a se as cartas possuem alguma associação temporal. Veja a seguir algumas das principais relações entre épocas e períodos de espera que as cartas podem indicar:

ESTAÇÕES DO ANO	
TEMPORALIDADE	**CARTAS CORRESPONDENTES**
Primavera (entre setembro e novembro)	O Ramalhete, Os Lírios ou A Árvore
Verão (entre dezembro e fevereiro)	O Sol ou Os Caminhos
Outono (entre março e maio)	A Foice ou O Jardim
Inverno (entre junho e agosto)	A Torre

MOMENTO DO DIA	
TEMPORALIDADE	**CARTAS CORRESPONDENTES**
Amanhecer	A Criança
Pela manhã	A Casa
Durante o dia	O Sol
Durante a tarde	O Jardim
Pôr do sol	Os Pássaros
Anoitecer	A Lua
Durante a noite	As Estrelas

Como prever o tempo futuro na Mandala Astrológica Cigana

Na tiragem da Mandala Astrológica Cigana, que veremos no próximo capítulo, usamos 12 cartas para representar 12 setores da vida do consulente. Como cada um dos signos está associado a uma época do ano, também podemos esperar que os eventos anunciados por determinada carta aconteçam no período relacionado àquele signo. Dessa maneira, temos o seguinte:

CASA	SIGNO	TEMPO FUTURO
1	Punhal	21 de março a 20 de abril
2	Coroa	21 de abril a 20 de maio
3	Candeia	21 de maio a 20 de junho
4	Roda	21 de junho a 22 de julho
5	Estrela	23 de julho a 22 de agosto
6	Sino	23 de agosto a 22 de setembro
7	Moeda	23 de setembro a 22 de outubro
8	Adaga	23 de outubro a 21 de novembro
9	Machado	22 de novembro a 21 de dezembro
10	Ferradura	22 de dezembro a 20 de janeiro
11	Taça	21 de janeiro a 18 de fevereiro
12	Capela	19 de fevereiro a 20 de março

Há ainda uma segunda opção de interpretação de tempo para a Mandala Astrológica Cigana, que consiste em considerar cada uma das casas como períodos sequenciais de um mês cada uma, a contar da data da leitura. Assim, a Casa 1 indicaria os acontecimentos dos próximos 30 dias (o primeiro mês), a Casa 2 revelaria acontecimentos para o segundo mês a partir daquela data, e assim por diante, até que a carta da Casa 12 indicasse os eventos dos 30 dias finais, completando a previsão de um ano inteiro na tiragem. Ambos os métodos para previsão de tempo podem ser adotados, de acordo com sua preferência pessoal.

Para finalizar, é importante dizer que só a prática poderá auxiliá-lo a escolher o método mais apropriado para cada pergunta, e também a fazer as previsões de temporalidade com o Baralho Cigano. À medida que ganhar mais familiaridade com a riqueza de significados de cada carta e desenvolver a capacidade de estabelecer conexões interpretativas entre elas, mais profundas se tornarão suas leituras. Tenha paciência, persistência e dedicação. Assim como ocorre com qualquer outra habilidade que desejamos desenvolver, é a prática realizada em paralelo aos estudos e ao aprofundamento teórico que nos fará caminhar cada vez mais rumo ao aperfeiçoamento.

CAPÍTULO 6

ASTROLOGIA CIGANA

O mistério das estrelas e a adivinhação por meio de constelações foram um tema encontrado em inúmeros povos antigos que se dedicavam a estudar os astros e seus efeitos sobre a vida na Terra. Com os ciganos, isso não foi diferente.

A sabedoria dos corpos celestes é um conhecimento mantido e transmitido pelos ciganos por suas tradições orais, e não existem registros ou documentos que nos permitam estudar com profundidade esse sistema, ou mesmo como ele foi estruturado.

Sabe-se que diversos elementos místicos de suas crenças permanecem ainda hoje encobertos pelo véu do mistério. Entretanto, alguns desses elementos fundamentais chegaram até nós, e os exploraremos neste capítulo como possibilidade de nos aproximar da cultura e das crenças ciganas.

Antes que você possa aprender o método de tiragem da **Mandala Astrológica Cigana**, é essencial que esteja familiarizado com os nomes de cada um dos signos da Astrologia cigana e suas principais características. Apesar de cada um de nós ter nascido sob a regência de um deles, os 12 signos tratam, cada um, de diferentes setores da vida humana, tendo um tema próprio, como veremos a seguir.

É possível traçar uma correspondência entre os signos da Astrologia convencional e os 12 signos da Astrologia cigana. Essa correlação acontece da seguinte maneira:

ASTROLOGIA CONVENCIONAL		ASTROLOGIA CIGANA	
♈	Áries		Punhal
♉	Touro		Coroa
♊	Gêmeos		Candeia
♋	Câncer		Roda
♌	Leão		Estrela
♍	Virgem		Sino
♎	Libra		Moeda
♏	Escorpião		Adaga
♐	Sagitário		Machado
♑	Capricórnio		Ferradura
♒	Aquário		Taça
♓	Peixes		Capela

Talvez pela necessidade de reafirmarem uma cultura própria e lerem as estrelas por meio de um sistema de símbolos próximo de seu cotidiano, os ciganos identificaram as mesmas constelações da Astrologia antiga e absorveram tal sabedoria através de lentes particulares. Percebemos que as mudanças nos signos zodiacais se dão apenas na nomenclatura, e não em relação a seus significados essenciais.

A PERSONALIDADE DOS SIGNOS CIGANOS

Punhal *(21 de março a 20 de abril)*

O Punhal é um símbolo de coragem, dinamismo e impulsividade. Todos os nascidos nesse período são marcados por uma personalidade repleta de energia e vigor. A iniciativa é um de seus traços fundamentais, e são desbravadores por natureza.

A imagem de um punhal nos remete imediatamente à ideia de ação, atividade e agressividade, e isso vai se expressar nos nativos deste signo como capacidade de romper com a inércia e se lançar em direção a algo novo sem medo.

O punhal é um objeto de batalha, e é exatamente dessa maneira que os nascidos sob este signo enxergarão a vida: ela precisa ser conquistada, e os desafios, vencidos. Os nativos de Punhal são guiados por seus instintos e gostam de sempre testar e expandir seus limites. São motivados por desafios e não se dão bem com a previsibilidade.

Mas um punhal também exige destreza e habilidade de quem o manipula, e, da mesma maneira, os nativos deste signo estarão sempre em busca de expandir suas habilidades e aperfeiçoá-las. São pioneiros, desbravadores e possuem um espírito natural de liderança. Valorizam sua independência e autonomia, expressando-se de modo autêntico e criativo.

Coroa (21 de abril a 20 de maio)

Este é o signo da resistência, segurança e força. Naturalmente atraídos por tudo aquilo que é belo, os nascidos sob o signo da Coroa gostam de desfrutar dos prazeres e do conforto material com estabilidade e tranquilidade. Buscam viver com alicerces firmemente construídos, enxergando a verdade em tudo aquilo que é sólido e duradouro.

A Coroa representa tanto a firmeza e a estabilidade que perseguem este nativo durante a vida quanto a elegância e a pureza com a qual costuma se comportar. Os nascidos sob a Coroa dão grande valor às suas conquistas pessoais e gostam de se sentir responsáveis por cada uma delas.

A atitude deles perante a vida é prática e concreta, o que às vezes pode fazê-los ter certa dificuldade para lidar com imprevistos ou mesmo experimentar algo fora de sua zona de conforto, pois preferem o caminho testado e aprovado, de resultados garantidos, às incertezas de algo novo. Sua personalidade é sensível, e valorizam a lealdade e a fidelidade; são pessoas com as quais podemos contar em todos os momentos.

Outra característica importante dos nascidos sob o signo da Coroa é sua presença no momento presente. São metódicos e preferem dar um passo de cada vez, mas também são marcados pela persistência e obstinação, e, uma vez que se comprometam com determinada meta, são capazes de direcionar todos os seus esforços para alcançá-la, e só então seguir para um novo objetivo.

Candeia (21 de maio a 20 de junho)

A Candeia é o símbolo do conhecimento – interesse marcante de todos os que nascem sob a luz deste signo. A luz da candeia representa a curiosidade e a mente aguçada que deseja enxergar e conhecer o mundo ao redor em toda a sua dualidade e multiplicidade. Por isso, seus nativos têm uma personalidade comunicativa e dinâmica, sempre oscilando em diferentes direções, assim como a chama da candeia que os representa.

A atitude destes nativos perante a vida é mental, lógica e racional, e sua natureza é essencialmente mutável, sempre em movimento e transformação. Valorizam relações sociais com pessoas de pensamento semelhante e estão sempre em busca de expressar suas ideias, sendo comunicadores natos. Preferem um estilo de vida dinâmico e sentem necessidade de ser constantemente estimulados no plano das ideias. Sua postura diante da vida é sempre leve, e são marcados por um espírito jovial e questionador.

A pluralidade representada pela Candeia faz com que os nascidos sob este signo sempre busquem novas experiências, fugindo de tudo o que seja monótono, repetitivo e enfadonho. Seus interesses também estão sempre variando, e possuem uma tendência natural para aprender coisas novas. A fraternidade e a socialização são traços importantes para este signo, e sempre buscarão estabelecer relações de troca com seus pares.

Roda (21 de junho a 22 de julho)

A Roda representa o princípio da união, do reconhecimento e do acolhimento – características importantes para os nascidos sob a regência deste signo. Conectados aos ciclos e às mudanças da vida, seu humor pode variar bastante de um momento para o outro, pois sua natureza é essencialmente emocional. Os nativos da Roda buscam estabelecer conexões profundas e verdadeiras na vida, o que às vezes faz deles pessoas reservadas, inseguras e desconfiadas, embora sejam sempre movidos pelo coração.

Têm uma postura nutridora, preocupando-se bastante com o bem-estar daqueles que amam. Também valorizam a segurança, prezam muito seu espaço pessoal e sua privacidade, mas dividem esses tesouros com aqueles que julgam dignos o bastante. Possuem conexão especial com sua casa, família e história pessoal, e não raro precisam de recolhimento para encontrar a própria identidade. Tendem a criar naturalmente laços de intimidade com aqueles com quem têm afinidade, e possuem bastante facilidade para perceber as necessidades emocionais das pessoas ao redor, justamente por estarem conectados de modo especial com a própria bagagem afetiva.

A personalidade daqueles que nascem sob os auspícios deste signo é doce e gentil, com um ar romântico e carinhoso, mesmo que suas atitudes muitas vezes sejam mais reservadas. Também são ambiciosos, mas sempre levando em conta a coletividade e o bem daqueles com quem se preocupam.

Estrela *(23 de julho a 22 de agosto)*

Sempre brilhante e luminosa, a Estrela expressa bem as qualidades daqueles que nascem neste período: parecem possuir um brilho pessoal e uma luz natural inextinguíveis. Acredita-se que sejam tocados pela sorte, o que faz deles seres afortunados. Prezam muito por expressar a própria autenticidade e firmar sua identidade pessoal. São detentores de uma natureza essencialmente artística e conseguem se expressar muito bem.

Assim como no passado as estrelas eram mapas celestes que podiam indicar o caminho para os viajantes durante a noite, aqueles que nascem sob o brilho deste signo tendem a desempenhar papéis de liderança e prestígio, e conseguem atrair com naturalidade a atenção e a admiração de outras pessoas.

Os valores essenciais buscados pelos nativos da Estrela são a generosidade, a lealdade e a sinceridade. Possuem um grande coração e preferem se relacionar com pessoas que compartilhem dessas qualidades. Valorizam muito a própria honra e imagem pessoal; por isso, gostam de agir com nobreza.

Protetores e acolhedores, guardam com cuidado e afinco aqueles que escolhem para caminhar a seu lado, defendendo-os como faria consigo. Como faz parte da natureza das estrelas brilhar no céu, é assim também que os nativos da Estrela querem ver as pessoas queridas: brilhando com o máximo de seu potencial.

Sino *(23 de agosto a 22 de setembro)*

Para os ciganos, o Sino representa duas características bastante presentes nos nativos deste signo: a disciplina e a pontualidade. Isso nos revela que os nascidos sob o signo do Sino darão grande valor aos aspectos práticos do dia a dia, e que seu valor pessoal vem daquilo que são capazes de concretizar e produzir. Naturalmente comprometidos, dedicam-se com afinco a tudo aquilo que se comprometem a realizar, buscando fazê-lo da melhor maneira possível. Observadores natos, são perfeccionistas e detalhistas, e estão sempre em busca de elevar seus talentos a um nível superior.

Práticos, racionais e objetivos, levam a vida com estabilidade e segurança. Sua mente, naturalmente orientada para a solução de problemas, consegue prever e antecipar muitos deles antes mesmo que aconteçam, e por isso sempre terão alternativas para conquistar seus objetivos. Valorizam a verdade e são pragmáticos – não gostam de perder tempo com coisas que não trarão resultados que valham a pena.

O cuidado consigo e com os outros também marca a personalidade dos nascidos sob o signo do Sino. São sociáveis e gostam de estar em contato com outras pessoas, possuindo uma postura naturalmente cuidadosa e prezando por se sentirem valiosos a quem lhes são queridos. Por isso, estão sempre dispostos a ofertar toda ajuda possível.

Moeda (23 de setembro a 22 de outubro)

Símbolo da retribuição justa, o signo da Moeda é marcado pelo valor fundamental da justiça e da busca pelo equilíbrio. Aqueles que nascem sob sua regência são donos de uma personalidade mediadora, sendo sempre capazes de enxergar os diferentes aspectos de uma mesma situação, afinal, sabem que toda moeda tem sempre dois lados.

Pacíficos e pacificadores, também são dotados de um pensamento estratégico que os faz enxergar além. A harmonia é seu valor fundamental, e não gostam de se sentir inseguros. Detentores de uma aura naturalmente envolvente, expressam-se de maneira graciosa e conseguem atrair a atenção e o respeito daqueles ao redor. Gentis e românticos, gostam de leveza em seus relacionamentos e fugirão de tudo aquilo que for caótico e instável.

Da mesma maneira que faz parte da natureza das moedas circularem, os nativos deste signo valorizam sua vida social e gostam de estar em contato com outras pessoas, em especial aquelas que compartilham de seus interesses, mas que ainda assim podem desafiá-los e instigá-los. Trata-se de um signo que se sustenta no fundamento das trocas e da reciprocidade, por isso precisa se sentir nutrido tanto quanto está disposto a dar um pouco de si aos outros.

Adaga (23 de outubro a 21 de novembro)

Para os povos ciganos, a Adaga representa a capacidade de estar em constante mudança e desenvolvimento. Muito observadores, o pensamento dos nativos deste signo é analítico e dinâmico. Intuitivos, são capazes de antecipar situações ou mesmo prever acontecimentos com base em seu olhar atento. Também são marcados por uma personalidade elegante, magnética e envolvente, sempre em busca de profundidade e intensidade.

Prezam muito a liberdade e são fervorosamente apaixonados, embora ainda assim mantenham um ar reservado e misterioso, e sua mente estratégica nunca coloca de pronto todas as cartas na mesa. Seus movimentos são bem pensados e calculados. Obstinados e determinados, perseguem com firmeza seus ideais, sem pressa. Preferem precisão a velocidade, e seu ar precavido os faz parecerem desconfiados, quando, na verdade, apenas estão atentos a todas as possibilidades, sejam elas boas ou ruins.

Sensíveis e perceptivos, sabem exatamente as palavras que devem ser usadas para chegarem à essência das outras pessoas, o que faz deles bons líderes, dotados de um fascinante poder de persuasão. Nos relacionamentos, sua atitude é mais reservada; costumam selecionar muito bem aqueles com quem dividirão seu universo particular. Levam muito a sério a ideia de autopreservação e não gostam de se sentir controlados nem manipulados por outras pessoas.

Machado (22 de novembro a 21 de dezembro)

O Machado é o símbolo de abertura de caminhos, da capacidade de superar obstáculos e desbravar fronteiras. E é precisamente dessa maneira que se comportam os nativos deste signo: são amantes da liberdade e da aventura, sentindo grande necessidade de aprofundamento em diferentes temas da vida e buscando sempre a expansão.

Conhecidos por sua personalidade positiva e otimista, os que nascem sob o signo do Machado sempre acreditam que é possível encontrar um caminho e uma solução. Da mesma maneira que não gostam de se sentir presos ou limitados, também verão nas situações difíceis da vida uma alternativa positiva, conseguindo tirar proveito e lições até mesmo das situações mais difíceis.

Sociáveis, gostam de estar em contato com as pessoas e formam vínculos com muita facilidade. Seu ar divertido e jovial os faz serem naturalmente notados, e a fraternidade é um de seus principais valores. Leais e companheiros, são aqueles que estarão a seu lado não só nos momentos agradáveis, mas também nos mais difíceis.

Apesar do ar pueril, estes nativos são dotados de grande sabedoria, e suas palavras podem surpreender os outros ao redor em momentos inesperados. Determinados, gostam de fazer planos e empregam toda a sua energia para realizá-los, em especial os ligados a novas experiências e habilidades.

Ferradura (22 de dezembro a 20 de janeiro)

Associada não apenas à sorte, mas também ao esforço, ao trabalho e à ação, a Ferradura dá a seus nativos capacidade de foco, persistência, iniciativa e determinação. Eles são capazes de traçar planos de longo prazo e segui-los à risca, dando um passo de cada vez, mas sempre se movimentando em direção ao seu desejo.

Levam a vida com um estilo prático e objetivo, enxergam a realidade de maneira bastante concreta e são dotados de grande vigor e energia. A ambição é um de seus traços fundamentais; estes nativos não se contentam com o pouco, o mínimo ou o básico – trata-se de um signo que sempre deseja chegar ao topo.

Seu pensamento lógico e analítico lhes dá uma postura mais reservada, naturalmente desconfiada. Realistas, preferem duras verdades a agradáveis ilusões.

Bastante responsáveis, levam sua palavra muito a sério e honram seus compromissos, valorizando muito também esses traços de personalidade nas outras pessoas. Detentores de uma aura séria e madura, os nativos da Ferradura não investirão sua energia pessoal em planos que não possam ser bem-sucedidos ou em situações que não ofereçam consistência ou segurança. Prevenidos, sempre estão pensando no futuro, e buscam construir uma vida com base em alicerces sólidos e duradouros.

Taça *(21 de janeiro a 18 de fevereiro)*

A Taça carrega a água que mata a sede de muitos ou o vinho que alegra as festas e é partilhado por todos. A natureza dos nativos deste signo é servir e compartilhar, enquanto buscam viver uma existência repleta de propósito, orientada a contribuir de algum modo para o bem coletivo. Sua visão é ampla, e são capazes de enxergar os grandes cenários da vida. Também são capazes de ver ao longe, possuindo uma tendência natural de se voltar para o futuro.

Seu espírito é livre, questionador e expansivo. Assim como a Taça é compartilhada de mão em mão, os nascidos sob este signo prezam a movimentação em sua vida, e nada pode ser tão assustador para eles quanto a ideia do retrocesso, ou de repetir os mesmos erros do passado. A autenticidade é sua marca registrada, e permanecem sempre fiéis aos próprios valores.

Sua personalidade é marcada pela solidariedade, e sua mente analítica busca enxergar o concreto por trás do abstrato. Os nativos da Taça têm o pensamento rápido e gostam de ser mentalmente desafiados e estimulados. Idealistas, carregam dentro de si a imagem de um mundo melhor e acreditam ser possível transformá-lo. Sua tendência é agir de forma lógica e racional, por isso nem sempre serão conhecidos por grandes demonstrações de emoção e afeto, mas isso não quer dizer que não sintam nada – significa apenas que esse processo acontece para eles pelo viés da mente.

Capela *(19 de fevereiro a 20 de março)*

A Capela é o templo religioso, o lugar de refúgio e contemplação espiritual, onde somos capazes de entrar em contato com as imagens sagradas que existem dentro de cada um de nós. Essa imagem descreve com perfeição os nativos deste signo, que são bastante intuitivos e sensíveis, capazes de captar aquilo que para a maioria das pessoas passaria despercebido.

A simbologia deste signo também envolve um ambiente sagrado, que está, de certa maneira, afastado do mundo cotidiano. Os nativos da Capela possuem grande tendência a buscar refúgio no mundo interior dos sentimentos e da imaginação, e muitas vezes precisam de algum nível de recolhimento periodicamente. Evitam conflitos e não raro chegam a se anular para não precisar entrar em brigas ou discussões.

A empatia é seu traço fundamental, e são dotados da capacidade de compreender as dores e os sofrimentos da humanidade, buscando maneiras de aliviá-los.

Os que pertencem a este signo possuem a necessidade de estar vinculados a algo maior, e levam a vida com um senso de propósito e serviço à humanidade. São bastante emotivos e criativos, conseguindo perceber com naturalidade as camadas mais sutis e menos objetivas da realidade.

MANDALA ASTROLÓGICA CIGANA

Método de interpretação

A tiragem da Mandala Astrológica nos permite obter um panorama dos diferentes setores da vida do consulente, revelando a energia que se expressará em um futuro próximo em cada um deles.

De modo geral, também vai expressar tendências e padrões de comportamento e atitude diante da vida, o enfrentamento de problemas, e ainda sinalizar os possíveis obstáculos que o consulente poderá enfrentar para realizar seus objetivos.

A tiragem da Mandala Astrológica é feita da seguinte maneira:

- Embaralhe as cartas no mínimo três vezes e no máximo sete vezes.
- Coloque o monte de cartas ao centro da mesa.
- Peça ao consulente que corte o monte três vezes em sua direção.
- Recolha os montes na seguinte ordem: primeiro o que está perto do consulente, depois o mais próximo de você e por último o que restou.
- Abra um leque com as figuras voltadas para baixo em frente ao consulente.
- Peça a ele que lhe dê 12 cartas, retirando uma por vez, aleatoriamente.
- Disponha as cartas montando um círculo diante de você na mesa, com as figuras voltadas para baixo, conforme o diagrama na próxima página:

Você deverá virar as cartas na mesma sequência em que foram dispostas, interpretando-as de acordo com a posição da Mandala Astrológica Cigana, que revelará a energia e a experiência predominantes naquele setor da vida do consulente, conforme a tabela da página seguinte.

ASTROLOGIA CIGANA E AS 12 CASAS

CASA ASTROLÓGICA	SIGNO	TEMAS DA VIDA
1	Punhal	A maneira como se é percebido pelos outros. A iniciativa e os novos projetos. O humor e o temperamento.
2	Coroa	As habilidades e os talentos, a vida financeira e material, a busca pelo bem-estar e pela estabilidade.
3	Candeia	A vida social, os amigos, a comunicação, os estudos e as pequenas viagens.
4	Roda	A vida emocional, a ligação com a família, a busca por segurança afetiva. O lar.
5	Estrela	A capacidade de se expressar, a vida amorosa, os momentos de diversão.
6	Sino	O dia a dia, a atividade profissional, a saúde do corpo.
7	Moeda	As relações, as parcerias, os casamentos, os acordos, as negociações e as relações duradouras.
8	Adaga	Processos de transformação pessoal, mudanças. A sexualidade, a capacidade de cura e a renovação.
9	Machado	Os objetivos e os planos, a motivação fundamental, a busca por crescimento interior. Ensino superior.
10	Ferradura	A carreira, as conquistas, o sucesso pessoal, os negócios e o prestígio.
11	Taça	Os projetos coletivos, os grupos sociais e as amizades. Os projetos futuros.
12	Capela	A vida espiritual, a busca por refúgio, o sacrifício e as doações pessoais. O mundo inconsciente.

Use as informações da tabela apresentada anteriormente para conduzir sua interpretação, percebendo as semelhanças e repetições que surgirão ao longo da leitura para, assim, relacionar os diferentes setores da vida do consulente, buscando compreender como eles se influenciam.

Você poderá aprofundar sua leitura ao perceber em especial as relações entre os seguintes signos:

SIGNO	ASPECTOS DA VIDA
Punhal	A capacidade de iniciativa, o valor pessoal, a identidade e a autopercepção.
Estrela	
Machado	
Coroa	A vida material, o trabalho, as posses, os ganhos e as conquistas.
Sino	
Ferradura	
Candeia	As relações sociais, o estado mental, as ideias e a comunicação.
Moeda	
Taça	
Roda	Os sentimentos, a efetividade, os estados de humor, os sonhos e os desejos.
Adaga	
Capela	

Trabalhar com a Mandala Astrológica Cigana também será um exercício capaz de conduzir você a uma percepção mais profunda de cada carta do Baralho Cigano e sua relação de significados, pois exigirá que você seja capaz de perceber os padrões simbólicos e de sentido entre cada uma delas. Para fazer isso, você pode usar as informações do Capítulo 3 e enriquecer sua leitura ao realizar também uma análise de cores, números, posições e símbolos que mais aparecem em sua leitura.

Ao terminar a leitura dessa Mandala, você poderá complementá-la com o método de três cartas ou de uma única carta para responder às dúvidas do consulente.

Como ocorre com todas as habilidades, é a prática e o constante estudo que o farão cada vez mais se aperfeiçoar na arte da interpretação do Baralho Cigano.

CAPÍTULO 7

A CONSAGRAÇÃO DO BARALHO CIGANO

O primeiro passo para trabalhar com seu Baralho Cigano é consagrá-lo em um ritual. Essa prática serve para preparar tanto o oráculo quanto o oraculista, e fará não apenas com que as cartas se tornem repletas de sua própria energia pessoal, mas também vai prepará-lo para se conectar à magia e sabedoria implícitas em cada uma das lâminas. Já vimos que cada carta do Baralho Cigano tornou-se depositária de uma série de símbolos, cheios de significado. O uso constante desse oráculo ao longo dos séculos para orientar e guiar aqueles que buscam seu auxílio reforça sua energia, e, através do ritual de consagração, seu Baralho Cigano vai deixar de ser um mero conjunto de figuras em papel para se tornar o representante físico de todo esse conhecimento acumulado ao longo do tempo nos planos sutis.

Consagrar significa *tornar sagrado*. Tudo aquilo que sacralizamos passa a ter novos significados, estabelecendo uma conexão entre a humanidade e os poderes superiores. Um objeto sagrado é visto de maneira muito diferente de um objeto mundano: nós o encaramos com admiração e respeito, pois ele se torna o representante visível de algo que é invisível. Por isso o ritual de consagração não serve apenas para abençoar as cartas do Baralho Cigano, mas também para estabelecer uma atmosfera de reverência às forças que dão vida a esse oráculo.

Em todas as culturas antigas, a humanidade se valeu de rituais e ritos de passagem para assinalar transições importantes na vida ou dotar determinados objetos de poder. O ritual tem a capacidade de fixar e nutrir uma ideia ou um objetivo, alinhando nossa vontade e nos sintonizando com determinadas forças. O ritual de consagração do Baralho Cigano não serve apenas para atrair bênçãos, mas também para auxiliá-lo em seu caminho como oraculista e estudioso desse sistema. É uma atitude de respeito com todos aqueles que o utilizaram antes de você, criando ainda um estado interior de receptividade para esse conhecimento arcano. Quando nos relacionamos com um oráculo de maneira sagrada, ele se torna nosso verdadeiro professor, e somos seus eternos alunos e aprendizes, comprometidos a sempre crescer e amadurecer em nossa jornada.

Portanto, ao abençoar seu baralho, você também está evocando a sabedoria dele e marcando o início de sua jornada com esse objeto de poder. A consagração precisa ser realizada apenas uma vez, sempre que você adquirir um novo baralho.

MATERIAIS NECESSÁRIOS

- Um copo de cristal virgem com água pura e cristalina.
- Uma vela de sete dias amarela.
- Um punhal ou adaga de metal.
- Cristais: 1 ametista, 1 citrino, 1 pedra-da-lua, 1 quartzo-azul, 1 quartzo-branco, 1 quartzo-rosa, 1 quartzo-verde, 1 turmalina negra.
- Um vaso com flores amarelas ou brancas.
- Sete varetas de incenso (de sua preferência).
- Uma toalha branca ou dourada.
- Pães.
- Três moedas correntes douradas de qualquer valor.
- Vinho tinto (servido em uma taça de cristal).

REALIZAÇÃO DA CONSAGRAÇÃO

O período propício para esse ritual é entre a lua nova, crescente ou cheia, pois, da mesma maneira que a cada noite a luz lunar aumenta no céu, pedimos que também assim seja expandida nossa intuição.

A consagração do seu Baralho Cigano levará sete dias, e para tal você deve buscar um local calmo e tranquilo, onde possa montar um pequeno altar com os itens da lista acima. Esse altar deverá permanecer montado durante os sete dias da consagração.

Erigir um altar significa criar um ponto focal onde determinadas energias podem se concentrar. Tudo o que colocamos sobre um altar é simbólico e repleto de significado, e sua criação representa o estabelecimento de um espaço sagrado.

Coloque sobre a superfície onde montará seu altar a toalha branca, dispondo nela os oito cristais.

CRISTAL	SIGNIFICADO
Ametista	Transmuta energias densas e desperta a intuição.
Citrino	Equilibra e centra a mente.
Pedra-da-lua	Favorece a clarividência e a intuição.
Quartzo-azul	Cria a tranquilidade e a harmonia.
Quartzo-branco	Filtra toda a negatividade.
Quartzo-rosa	Estimula o amor e os afetos verdadeiros.
Quartzo-verde	Protege a saúde física, mental, emocional e espiritual, trazendo cura para a alma.
Turmalina negra	Afasta qualquer energia maléfica e isola a negatividade.

Acenda um incenso de sua preferência. Em muitas culturas do passado, o incenso era um importante elemento de poder consagrador, capaz de atrair bênçãos e nos aproximar do sagrado, além de purificar o ambiente. O incenso de mirra também ajuda a invocar a sabedoria dos povos ancestrais.

Coloque o copo de cristal com água para filtrar as energias. Ao lado, disponha a adaga ou o punhal, que estimula o poder da mente e corta qualquer efeito negativo. Esse objeto representa a capacidade de discernimento e o raciocínio afiado, tão necessário para interpretar uma leitura oracular.

As flores representam a beleza da vida, a alegria de viver, a paz e a harmonia. Acenda a vela pedindo proteção ao seu caminho como oraculista, e faça uma prece saudando e reverenciando as energias dos ciganos, rogando que sua mente e seu coração estejam sempre iluminados.

A vela representa o elemento Fogo, relacionado à busca espiritual e ao caminho da iluminação pessoal. A cor amarela favorece o equilíbrio mental, a sabedoria e a prosperidade.

Disponha no altar também os pães, que simbolizam a fartura e o alimento da alma; as três moedas, que representam a prosperidade, a riqueza e a abundância para sua vida e a vida das pessoas que vierem procurar seus conselhos e orientações; e também a taça com vinho, simbolizando a celebração da vida.

Se achar necessário, coloque uma música tranquila, que lhe transmita paz, para facilitar sua concentração.

Esteja sozinho e desconectado de preocupações externas, evitando assim ter de interromper seu ritual de consagração.

Sobre a fumaça do incenso, passe carta por carta do seu Baralho Cigano, enquanto permanece com a mente focada em atrair bênçãos e estabelecer contato com a sabedoria desse oráculo, pedindo proteção e orientação espiritual.

Depois de passar as cartas sobre a fumaça do incenso, abra, no centro desse pequeno altar, um leque com as figuras voltadas para cima e faça uma oração de sua preferência. Alguns fazem uma invocação aos bons espíritos dos ciganos e ao povo do Oriente, outros fazem uma oração a Santa Sarah, a protetora dos ciganos. Porém, devemos sempre nos conectar com a energia do coração, que guarda as verdades da nossa alma. Nesse caso, você deverá escolher a oração ou invocação de acordo com a sua intuição.

Invocação cigana

Aos grandes espíritos e mentores da poderosa corrente do povo cigano. Tornem este oráculo sagrado e abençoem-me com sua luz, para que eu possa servir como um instrumento de verdadeiro amor e sabedoria entre os homens e o Universo. Torna-o um facilitador das mensagens divinas, trazendo a consciência plena, o conhecimento das almas e as grandes adivinhações.

Inunda-o com o poder sagrado e da pura magia de todos os elementos: Fogo, Terra, Ar e Água.

Que este Baralho Cigano possa mudar o que tiver de ser mudado, aliviar as dores de quem sofre e esclarecer todas as dúvidas a partir do momento eterno do agora de quem vier a consultá-lo.

Invoco a energia soberana da virtude e da paz para que eu possa produzir o bem e espalhar sabedoria.

Invoco a felicidade, a energia do amor e a luz da verdade para que meu caminho seja sagrado.

Que estas cartas ciganas possam conduzir o meu coração, a minha mente e o meu espírito.

Pela divina presença do espírito de todos os ciganos, consagro este baralho e o abençoo para todo o sempre.

Assim é e assim se faz.

Oração a Santa Sarah Kalih – protetora do povo cigano

Sarah, Sarah, Santa e amiga!
Escuta-me, eu te suplico. Sarah, Sarah, Santa e amiga!
Ouve a minha voz, minha voz que reza.
Tu és de todas,
De todas as nossas viagens,
E te trazemos em nosso coração.
Tu nos devolves a coragem quando a infelicidade nos chega.
Nós te oferecemos lindos mantos na Camargue das Santas Marias pois para nós aqui tudo é mais belo.
Porque aqui nos reabastecemos de vida.
Para nossa grande peregrinação, tu és consagrada como uma rainha, viemos aqui, de tempos em tempos.
Provar-te nossa fé cristã,
Nós te confiamos nossos segredos, nós te apresentamos nossos filhos, nós te trazemos belos buquês,
Nós a beijamos com o nosso coração pulsando.
Hoje cantaremos louvores para ti e dançaremos ao redor do fogo.
Seremos uma só voz que sobe através de ti para Deus.
Salve Sarah, salve Sarah, salve Sarah.
Que Santa Sarah nos cubra de bênçãos.

Realizado o ritual e feita a invocação ou oração a Santa Sarah, você deverá deixar o altar montado durante sete dias consecutivos, até que a vela queime por completo. Caso a vela apague antes do tempo ou não dure o suficiente para os sete dias, recomenda-se continuar o ritual com uma vela comum amarela até completar esse total de dias.

Acenda também uma vareta de incenso e repita a oração ou invocação uma vez ao dia, durante os sete dias do ritual.

Procure não mexer no Baralho Cigano nos dias em que a consagração estiver sendo realizada. Se for necessário fazer uma consulta por algum motivo muito urgente ou especial, use o Baralho, mas em seguida devolva-o ao altar.

Passados os sete dias de ritual, desmonte o altar, deixando as flores, a água, os pães e o vinho em um lugar onde haja muito verde ou presença da natureza (jardins, lagos, mares ou rios). As cinzas do incenso e as sobras de vela poderão ser descartadas no lixo. Já as pedras, o punhal ou a adaga e as moedas deverão ser usados como amuletos de proteção no ambiente, durante a realização das consultas, ou mesmo fazerem parte de seu altar pessoal.

Importante: algumas pessoas não sentem afinidade ou necessidade de um ritual específico como este para consagrar seu oráculo. Se não sentir esse chamado em seu coração, crie, levando em conta suas escolhas e intuições, seu próprio ritual de consagração, realizando-o com tranquilidade.

Cada oraculista precisa ter liberdade e confiança para seguir um roteiro próprio, que muito tem a ver com suas crenças, olhares e conhecimentos.

Procure estabelecer sua forma de se comunicar e se conectar com o sagrado, livrando-se de dogmas e caminhos preestabelecidos, seja por mim ou por qualquer outra pessoa.

CAPÍTULO 8

BARALHO CIGANO: CONSULTAS E ATENDIMENTOS

A CONSULTA

Apresento algumas orientações gerais para que você possa realizar suas consultas com o Baralho Cigano da melhor maneira possível. Quando fazemos a leitura e a interpretação de qualquer oráculo, estamos instantaneamente realizando um processo de troca de energia com o consulente.

Lembre-se de que, quando uma pessoa procura as orientações do Baralho Cigano, é muito comum que sua energia pessoal esteja repleta de vibrações como dúvida, conflito ou emoções negativas, e você deverá estar pronto para ajudar e conduzir a leitura sem que essas forças atuem sobre você ou afetem seu equilíbrio de alguma forma.

O AMBIENTE

Geralmente as consultas são realizadas em lugares tranquilos, que tragam bem-estar e aconchego espiritual. Esse lugar poderá ser a sua casa, um consultório ou onde você achar mais conveniente, porém ele deverá estar sempre limpo e ser um ambiente agradável, ventilado e sem nenhuma interferência para sua concentração.

Para vivificar o ambiente e filtrar a energia do local, você pode usar algumas plantas, que purificam e trazem vitalidade naturalmente.

Um ambiente que seja decorado com cores claras e tons pastel facilita o descanso da mente, criando um estado de relaxamento bastante apropriado para as leituras oraculares.

Algumas pessoas pedem aos consulentes que entrem na sala onde se realizam as consultas descalços, pois isso demonstra respeito, libera energias e facilita a leitura, mas isso não precisa ser uma regra.

Nunca atenda em lugares como banheiro, que guarda as energias negativas da casa; quarto, onde seu corpo e seu espírito descansam; ou ambientes onde há brigas, desentendimentos e desarmonia entre as pessoas, pois isso dificulta a ancoragem de energias adequadas e vai prejudicar sua concentração.

O oraculista deve se sentar em frente ao consulente para que haja uma troca direta de energia entre as duas partes.

PREPARAÇÃO DE PROTEÇÃO PESSOAL

É aconselhável que, sobre a mesa onde as consultas serão realizadas, você use incensos bem como pedras e cristais de proteção. O material que você utilizou no ritual de consagração servirá muito bem, pois ele já possui sua energia impregnada e está alinhado com seu propósito.

O punhal ou a adaga o protegerá de qualquer energia nociva, cortando qualquer mal. Coloque também sobre a mesa um copo com água e um pedaço de carvão dentro – um poderoso amuleto que serve como filtro energético, captando e neutralizando quaisquer forças desarmônicas. Você deverá trocar a água e o carvão a cada sete dias. Se considerar importante, tenha ainda sobre a mesa uma vela lilás ou violeta, para transmutar a negatividade e estimular a intuição e a elevação de consciência.

É preciso que o Tarô, depois de consagrado, seja guardado em um saco de tecido de qualquer cor, exceto preta, já que ela retém energia. Você também deverá providenciar uma toalha que seja de uso exclusivo para as consultas oraculares.

Procure não fumar ou permitir que se faça uso de qualquer substância psicoativa durante as consultas. Evite bebidas alcoólicas e não atenda ninguém que esteja sob seu efeito. A consulta oracular exige que tanto o consulente quanto o oraculista estejam em pleno domínio de sua consciência. Caso contrário, esses fatores podem influenciar negativamente e alterar a consciência, revertendo o uso sagrado do oráculo em algo profano e sem sentido.

Alguns oraculistas fazem uso de banhos aromáticos e de ervas para se protegerem antes de qualquer trabalho espiritual a ser realizado; outros ainda preferem passar, no sentido horário, um pouco de perfume em volta do umbigo, para se fecharem contra as energias negativas durante as consultas. Outra dica muito especial é colocar três folhas de louro junto ao seu Baralho toda vez que ele for guardado. As folhas de louro trazem sorte e aumentam a clarividência.

Seguindo a intuição, você saberá conduzir e colocar em prática tudo o que for necessário para seu bem-estar, proteção pessoal e harmonização do ambiente.

INÍCIO DA CONSULTA

Ao iniciar a consulta, procure deixar as preocupações de lado e não permita que as tensões do dia a dia tomem conta de sua mente e seu coração.

Esteja sempre bem-disposto fisicamente para atender alguém e não force nenhum movimento ou ação que seja contrário ao seu bem-estar. Mostre sempre uma postura firme, segura e confiante, para que o consulente se sinta bem ao consultar o Baralho Cigano e compreender seus conselhos.

Prepare o ambiente e tenha uma atitude positiva ao receber todos, nunca esquecendo de que o maior dos dons quando nos propomos a orientar alguém é saber ouvir com atenção as angústias, os problemas, as incertezas e as situações que são desconfortáveis para o consulente. O bom oraculista não é apenas aquele que sabe dar boas respostas às perguntas que são trazidas a ele, mas sim aquele que sabe ouvir sem julgamentos quem o procura para uma orientação.

Lembre-se de que ouvir o consulente não significa concordar com tudo o que ele diz e muito menos participar de seu sofrimento. É preciso ouvir, orientar e ao mesmo tempo não deixar que a euforia de notícias extraordinárias deem uma aura de fantasia à consulta, e muito menos desanimar o consulente com mensagens de catástrofes e fracassos. A maneira de falar e interpretar sua leitura também é muito importante, e você deverá fazer isso com bastante responsabilidade e respeito.

Temos a necessidade de andar pelo caminho do meio, de buscar equilíbrio em tudo. Preocupe-se sempre em deixar as pessoas em um estado de paz de espírito com seus conselhos e orientações.

Antes de iniciar a consulta, retire aleatoriamente uma carta do Baralho Cigano para saber qual energia o aguarda e o que virá pela frente naquele momento. Assim você poderá se preparar melhor e se precaver de algo que, por algum motivo, possa ser negativo.

Um atendimento dura por volta de cinquenta minutos a uma hora. Isso varia muito de pessoa para pessoa, e o mais importante é tentar ser objetivo, passar informações claras, refletir e deixar o consulente satisfeito.

Os atendimentos podem ser cobrados, pois, apesar de ser um assunto de ordem espiritual, isso exigirá horas de trabalho, estudos e empenho de sua parte.

Outro fator importante nesse aspecto é que o dinheiro arrecadado com as consultas poderá ser revertido para seu próprio aprimoramento na compra de livros e cursos, levando-o sempre a um caminho evolutivo e consequentemente ajudando cada vez mais os consulentes. Você ainda poderá usar esse dinheiro, caso não precise dele, para fazer doações a pessoas mais necessitadas ou auxiliar instituições sérias de filantropia.

Alguns acreditam que, cobrando o atendimento, o consulente dará mais valor ao trabalho realizado e respeitará o oraculista em todos os aspectos. Mas lembre-se de que o bom senso deve prevalecer; não procure ganhar mais do que seja justo para você. Valorize-se e não se esqueça de que o dinheiro é a materialização da energia de reconhecimento e merecimento.

Atitudes abusivas e de má-fé só servirão para enfraquecer sua aura e seu potencial intuitivo, retirando de sua essência o que há de mais puro e cristalino. Seja sempre verdadeiro e não tenha medo de colocar a sinceridade acima de qualquer coisa. Lembre-se do compromisso de responsabilidade assumido em sua consagração do Baralho Cigano e trate suas consultas com reverência.

Afirmações do tipo "eu acho", "talvez" ou "quem sabe" não fazem parte do vocabulário de um oraculista, portanto, quando não tiver certeza, não fale. Também não fique indagando a mesma coisa o tempo todo, na tentativa de uma confirmação banal. Encare todas as mensagens com muita seriedade.

Escolha um método de tiragem que seja conveniente para sua leitura e interpretação. Faça uma oração de invocação ou meditação, para que sua intuição esteja aberta a todo instante a fim de captar informações e mensagens necessárias ao atendimento. Esclareça as dúvidas do consulente e, em um clima amigável, aja de forma fraternal.

ENCERRAMENTO DA CONSULTA

Ao terminar sua consulta, retire uma carta do Baralho Cigano para perceber as energias que ficaram no ambiente, assim como fez no início do atendimento. Essa carta também revelará o estado mental do consulente e poderá trazer uma mensagem final para ambos.

Acenda um incenso e deixe que o ar fresco circule no ambiente, para limpá-lo de qualquer negatividade mais sutil.

É aconselhável que entre uma consulta e outra você faça uma pausa, escute uma música relaxante e tome um copo de água para renovar suas energias, pois isso o ajudará a colocar a mente em total equilíbrio, fortalecendo seu espírito para o próximo atendimento.

Ao final de cada consulta ou do dia, você poderá fazer uma oração, um mantra ou uma invocação de sua preferência para agradecer as forças que atuaram a seu lado, conferindo-lhe sabedoria durante as consultas.

CAPÍTULO 9
CONSIDERAÇÕES FINAIS

Caminhamos para as páginas finais deste livro, mas saiba que esse é apenas o começo de um longo processo de aprendizado e desenvolvimento no qual você deverá se empenhar.

Uma das grandes belezas do caminho oracular é que, por ser o depositário da sabedoria de toda a humanidade, cada oráculo tem uma inesgotável fonte de conhecimento esperando para ser desvendado e vivenciado.

Dedicar-se a esse caminho exige eterno aprendizado.

Cada vez que revisitamos um tema ou olhamos atentamente para uma das cartas, percebemos novas nuances de significado e nos aprofundamos cada vez mais na mensagem de cada uma.

Se o Baralho Cigano se comunica conosco por meio da linguagem simbólica, quanto mais nos tornamos familiarizados com ela e a praticamos no dia a dia, mais fluência desenvolveremos e, assim, nosso repertório se ampliará infinitamente. Da mesma maneira que o tempo faz os laços de fraternidade se tornarem cada vez mais sólidos, a relação com o Baralho Cigano só pode ser refinada pela ação do tempo, ao investirmos energia e dedicação a essa relação. Por isso, saiba também que não há motivos para pressa – há lições que apenas o tempo será capaz de ensinar.

Voltamo-nos ao Baralho Cigano para obter respostas, mas você descobrirá que ele também nos ensina a fazer as perguntas corretas diante da vida, revelando-nos que a sabedoria só pode ser tocada quando há em nós espaço para perguntas. Apenas os tolos de consciência colocam pontos finais diante da vida; o caminho do sábio é sempre marcado por interrogações.

Dedicar-se ao estudo oracular do Baralho Cigano significa usá-lo como um método para ler e compreender a própria vida, e, à medida que sua vida se torna mais equilibrada, sua compreensão a respeito das cartas também crescerá com a experiência. Nesse sentido, um oraculista não apenas estuda as cartas, mas as experimenta na alma.

Pode ser que muitas dúvidas tenham surgido em sua mente enquanto lia esta obra, ou ainda pode acontecer que, ao iniciar e colocar em prática aquilo que aprendeu, surjam questionamentos que apenas a vivência pode provocar. Por isso, preparei neste capítulo uma lista de perguntas que costumam surgir quando estudamos o Baralho Cigano pela primeira vez e que vão ajudar muito em seus estudos e formação.

DÚVIDAS FREQUENTES

O Baralho Cigano é um sistema de adivinhação?

O Baralho Cigano e outros oráculos, como é o caso do Tarô, popularizaram-se como métodos capazes de adivinhar o futuro, mas essa é uma visão bastante limitada sobre eles. Todo sistema oracular carrega em si uma grande profundidade espiritual e filosófica que faz deles ferramentas de autoconhecimento capazes de nos revelar como criamos e modificamos nossa vida. Com o Baralho Cigano não é diferente: enxergamos cada ser humano como protagonista da própria história e, por meio da leitura oracular, podemos entender como nós e as energias ao redor trabalhamos para moldar e transformar a vida.

Livre-arbítrio ou destino? O que vemos no Baralho Cigano é inevitável?

Se nos voltarmos aos oráculos em busca de sabedoria, devemos nos lembrar de que o caminho do sábio nunca está nos extremos, sendo marcado, sim, pela ponderação. Em nossa história de vida, seremos confrontados por situações e acontecimentos que certamente fogem de nossa escolha ou poder de decisão, e, apesar de esses fatos poderem ser compreendidos como a ação do destino sobre nós, a maneira como cada um lidará com tais acontecimentos é única. São nossas escolhas, conscientes e inconscientes, que também moldarão o curso de nossa vida, e, na maioria das vezes, uma mudança de atitude implicará também uma mudança nos acontecimentos futuros.

Só mulheres podem jogar Baralho Cigano?

Dentre os povos ciganos é muito comum que a leitura dos oráculos seja feita quase exclusivamente por mulheres, mas isso se dá por questões de ordem cultural, e não porque existe algum tipo de restrição de gênero para o uso desse oráculo. Todos, homens e mulheres, podem igualmente aprender e utilizar o Baralho Cigano.

Há alguma restrição de uso do Baralho Cigano para mulheres grávidas ou menstruadas?

Não há nenhuma restrição que impeça uma mulher grávida ou menstruada de participar de uma leitura de Baralho Cigano, seja como consulente ou oraculista. A leitura não acarretará nenhum prejuízo físico ou energético.

É preciso ser de família cigana para jogar o Baralho Cigano?

Não. Qualquer pessoa poderá se dedicar ao estudo e aprendizado do Baralho Cigano. Não existe nenhum tipo de restrição ou limitação que seja imposta por sua ancestralidade nesse processo.

Uma leitura de Baralho Cigano pode interferir no livre-arbítrio de alguém?

Não. Assim como qualquer outra ferramenta oracular, o Baralho Cigano é uma fonte de aconselhamento que pode nos ajudar a compreender as situações da vida sob uma nova óptica ou perspectiva, expandindo nosso entendimento sobre determinados acontecimentos, mas nossas escolhas e atitudes são sempre nossas. Não podemos delegar a nenhuma ferramenta oracular o papel de tomar decisões sobre nossa própria vida.

A consulta de Baralho Cigano pode ser cobrada?

Sempre que nos propusermos a estudar e desenvolver determinada habilidade, precisaremos dedicar muito tempo e empenho para isso. Também é necessário fazer investimentos financeiros em bons livros e cursos que nos ajudem a permanecer em um caminho de constante aprimoramento. Por isso, não há problema algum em cobrar por uma consulta de Baralho Cigano.

Caso você não dependa financeiramente de suas consultas, poderá usar o dinheiro arrecadado para investir no próprio desenvolvimento, ou mesmo revertê-lo para causas sociais e outras formas de filantropia.

Cobrar ou não é sempre uma escolha muito pessoal, e apenas você poderá responder a essa pergunta, de acordo com suas reais necessidades e crenças.

Posso jogar o Baralho Cigano para mim mesmo?

Antes de buscarmos usar um oráculo para aconselhar outras pessoas, devemos aprender a usufruir de sua sabedoria em nossa própria vida.

O oraculista é alguém que desenvolve um caminho pessoal de intimidade com o oráculo que estuda. É preciso que você seja capaz de beneficiar a si mesmo antes de oferecer isso aos outros.

Muitas pessoas não se sentem confortáveis em usar um oráculo para si mesmas, pois acreditam que possam interferir na interpretação. Mas esse é um excelente exercício para aprender a enxergar o significado das cartas de maneira neutra, estabelecendo uma relação direta com a interpretação de uma lâmina do ponto de vista teórico e com suas próprias experiências de vida.

Podemos jogar o Baralho Cigano para familiares e amigos?

Da mesma maneira que para nós mesmos, oferecer consultas a amigos e familiares exigirá uma postura de neutralidade ao interpretar o Baralho Cigano. Desde que haja sinceridade na forma de interpretar, não há nenhuma restrição quanto às leituras.

Existe alguma relação entre as fases da lua e as leituras de Baralho Cigano?

Não existem quaisquer limitações relacionadas a fases lunares mais ou menos apropriadas para leituras do Baralho Cigano. Entretanto, essa será uma escolha pessoal de cada oraculista. Algumas pessoas optam por não realizar consultas durante a lua minguante, por exemplo, por acreditarem que esta não é uma fase favorável para a intuição, mas esse não é um costume universal.

Existem datas ou épocas em que a leitura de Baralho Cigano não é aconselhável, como a Quaresma ou o Dia de Finados?

Da mesma maneira que ocorre com as fases lunares, não há nenhuma regra que restrinja leituras de Baralho Cigano durante a época da Quaresma, o Dia de Finados ou qualquer outro dia do ano. O oraculista poderá, de acordo com suas crenças e experiência pessoal, optar por não realizar consultas em determinados dias ou épocas, mas essa sempre será uma escolha pessoal, e não uma restrição do próprio Baralho Cigano.

Existe algum horário ou período do dia específicos para realizar a consulta ao Baralho Cigano?

Não. Caberá ao oraculista decidir os melhores horários para realizar as consultas.

A consagração do Baralho Cigano presente neste livro é obrigatória?

Os rituais de consagração servem para estabelecer uma ligação energética entre o oraculista e seu baralho. O ritual presente neste livro não é a única maneira de consagrar seu Baralho Cigano, e você poderá optar por outras formas de consagração, de acordo com suas crenças pessoais.

O Baralho Cigano pode ser emprestado?

Como cada Baralho possui a energia do próprio dono infundida nas cartas por meio da consagração e de seu uso recorrente, é recomendável que cada oraculista tenha o próprio Baralho Cigano. Com o tempo, ele se torna não apenas uma ferramenta divinatória, mas um representante físico do elo espiritual que estabelecemos com o oráculo.

Interpretar o Baralho Cigano é um dom espiritual?

Todo oráculo exige a capacidade de traduzir sua linguagem simbólica em uma linguagem convencional e racional, mas isso não significa que a leitura oracular dependa de um dom psíquico ou espiritual. Assim como qualquer outra habilidade, o Baralho Cigano pode ser estudado e compreendido. Mas é verdade que algumas pessoas terão mais facilidade e parecerão ser capazes de fazer interpretações de maneira mais natural, embora isso não queira dizer que esta não seja uma ferramenta acessível a qualquer um que se dedique e se empenhe em aprender. Ao contrário – a prática constante com o Baralho Cigano pode ser um modo bastante poderoso de desenvolver sua própria intuição!

O Baralho Cigano está vinculado a alguma religião?

Apesar de, em termos históricos, como vimos no Capítulo 1 deste livro, o Baralho Cigano ter sido associado principalmente às religiões de matriz africana ao chegar em nosso país, originalmente ele não possui vínculos com nenhuma religião específica, e pode ser utilizado por qualquer um, independentemente de suas crenças espirituais.

A consulta de Baralho Cigano pode ser conduzida por um médium incorporado?

Sempre aconselhou-se enfaticamente que uma leitura oracular de qualquer tipo fosse realizada em estado de consciência plena, e não em estados alterados, sejam eles decorrentes de práticas espirituais ou não. Entretanto, caberá ao próprio oraculista e às determinações de sua prática espiritual estipularem se isso poderá ou não ser adequado.

O Baralho Cigano exige algum tipo de abstinência antes de sua leitura, como de sexo, carne vermelha ou álcool?

A prática oracular exigirá que o oraculista esteja em pleno domínio de suas faculdades mentais, em estado interior de equilíbrio e clareza. Por isso, não se recomenda que bebidas alcoólicas – ou qualquer outra coisa que interfira em nosso estado de consciência – sejam utilizadas antes ou durante as consultas.

Por estar associada ao campo instintivo e a energias mais densas do plano físico, muitos oraculistas optam também por não consumir carne vermelha antes das consultas, por experimentarem um contato maior com as forças sutis necessárias para uma boa leitura.

Quanto à abstinência de ordem sexual, ela fica a critério do oraculista, sempre lembrando que é importante conduzir uma consulta de Baralho Cigano em estado de equilíbrio interior.

Se cada carta tem uma variedade de significados, como saber qual deles se aplica a uma leitura?

Como acontece com qualquer outra habilidade que buscamos desenvolver, é apenas a prática que pode nos levar ao aprimoramento. Por isso, quanto mais você praticar, melhores as suas interpretações serão. Uma das chaves para uma boa leitura está em estabelecer correlações entre as cartas e as posições em uma tiragem. Elas lhe apontarão o melhor caminho a seguir.

Aqueles que são naturalmente mais intuitivos poderão se utilizar dessa intuição para ajudar no estabelecimento dessas relações durante a interpretação, mas, quanto mais você se aproximar, nos estudos, dos componentes simbólicos de cada carta, mais poderá extrair detalhes de cada uma delas.

É possível realizar uma leitura de Baralho Cigano para uma pessoa ausente?

Sim. Por meio de perguntas objetivas, somos capazes de realizar uma leitura para uma pessoa, mesmo que ela não esteja conosco durante a consulta.

Consultas de Baralho Cigano on-line ou por telefone são confiáveis?

À medida que nosso mundo se torna cada vez mais tecnológico, há uma tendência para que as leituras oraculares acompanhem também esse desenvolvimento. Uma ligação de telefone transporta nossa energia através da voz, e, mesmo por meio de contato virtual no mundo digital, conseguimos estabelecer conexão com outras pessoas.

De quanto em quanto tempo podemos fazer uma consulta de Baralho Cigano?

Após perguntarmos sobre determinada situação, é importante deixar que a vida siga seu curso antes de nos voltarmos ao Baralho Cigano para analisar a mesma questão. Evite criar uma relação de dependência do consulente com o oráculo, pois este deve servir como uma ferramenta de direcionamento, e não atuar de maneira limitante em sua vida.

O oraculista pode captar energias negativas durante uma consulta?

Sim, da mesma maneira que podemos captar energias negativas de outras pessoas em muitas outras situações do dia a dia, mas isso não deve se tornar motivo de alarme ou superstição. Em uma consulta, lidamos com muitas cargas emocionais trazidas pelos consulentes, o que pode ter impacto sobre nossa energia pessoal. Por isso o oraculista deve cuidar do próprio equilíbrio energético, antes e depois das consultas.

Existem significados para cartas invertidas no Baralho Cigano?

Não. Quando uma carta aparecer em posição invertida, basta virá-la e conduzir a interpretação normalmente.

O consulente pode estar acompanhado de outras pessoas durante a consulta?

Para que a experiência da leitura possa ser mais profunda e pessoal, é sempre recomendável que ela não seja assistida por ninguém mais além do consulente e do oraculista, para que ambos se sintam completamente à vontade para as interpretações que o Baralho Cigano poderá trazer.

O que fazer com o Baralho Cigano quando não quiser mais consultá-lo?

Ele poderá ser doado a alguém especial, que deseja aprender e estudar o Baralho Cigano, ou então poderá ser queimado, tendo as cinzas jogadas ao vento.

Quanto tempo aproximadamente dura uma consulta de Baralho Cigano?

O tempo de cada consulta pode variar muito de acordo com cada oraculista, mas costuma-se pensar no tempo de até uma hora para a leitura. Essa duração tem se provado suficiente para esclarecer as dúvidas do consulente e também não cansar a mente do oraculista.

O Baralho Cigano deve ser recebido como presente ou pode ser comprado?

Não há nenhuma necessidade de que o Baralho Cigano seja um presente de outra pessoa. Ele poderá ser comprado sem que isso acarrete nenhuma interferência, pois o sucesso do uso do oráculo vai depender do conhecimento do oraculista e da relação que desenvolverá com esse oráculo.

PALAVRAS FINAIS

Quando nos deparamos com o Baralho Cigano pela primeira vez, colocamo-nos diante de uma grande porta capaz de indicar o caminho para uma vida mais equilibrada, em que podemos encontrar a felicidade e a realização de todo o potencial humano que carregamos dentro de nós. Mas as lâminas são apenas guias nessa bela jornada – somos nós que devemos caminhar pela surpreendente trilha da vida e desvendar seus segredos.

Felizmente, quando estudamos um oráculo, ele pode ser um fiel companheiro de viagem, pronto para nos apontar os perigos e riscos, conduzindo-nos através de um processo de crescimento.

Quem pensa que o trabalho oracular serve apenas para tornar a vida mais fácil comete um grande equívoco. O caminho de busca pela totalidade do ser, na maioria das vezes, é tortuoso, repleto de desafios interiores que precisam ser superados.

Muito mais do que nos apontar as dificuldades que enfrentaremos do lado de fora, um oráculo sempre é um instrumento para o amadurecimento da alma e do crescimento pessoal, fazendo-nos enxergar também aqueles aspectos de nós mesmos que precisamos lapidar, polir e aperfeiçoar. Assim é o Baralho Cigano – um portal para dentro, um espelho onde podemos ver refletida a beleza que cada um de nós carrega, mas também aquilo que muitas vezes não desejamos contemplar.

Esse é o caminho do oraculista – o da eterna busca pela visão, não apenas a respeito dos outros, mas em especial de si mesmo.

Sua jornada com o Baralho Cigano, ou com qualquer outro método oracular que venha a estudar, deve primeiro servir para trazer equilíbrio e segurança a sua própria vida. Quando jogamos para outras pessoas, isso se torna uma extensão do relacionamento pessoal com o oráculo, um compartilhamento das lições que vivenciamos e experimentamos na pele, de maneira íntima e profunda.

Para os povos antigos, as pessoas capazes de interpretar os sinais e as mensagens contidos em sonhos, borras de café, números ou cartas eram grandes conselheiras, portadoras de uma sabedoria ancestral sagrada capaz de dar sentido aos momentos difíceis da vida e apontar o caminho de crescimento pessoal que cada um precisava percorrer. É chegado o momento de resgatarmos o aspecto sagrado da jornada do oraculista, mas isso só pode começar a ser feito pelo lado de dentro, com sinceridade em seu coração.

O que você tem em mãos é uma poderosa ferramenta de autoconhecimento, que carrega o potencial de erguer os véus que conduzem ao seu próprio mundo interior. Nesse sentido, cada imagem do Baralho Cigano é uma testemunha silenciosa de sua história, capaz de questioná-lo, desafiá-lo e também aconselhá-lo.

O bom oraculista não enxergará sentido apenas nas lâminas que vira durante a leitura, mas aprenderá a perceber os mistérios de cada carta no mundo ao redor, na vida cotidiana. Quando isso acontece, as vendas são retiradas de nossos olhos e somos capazes de perceber que não apenas lemos as cartas, mas vivenciamos cada uma delas a todo momento.

Quando fechar este livro, que esse possa ser o início de um processo de despertar.

Nunca se esqueça de que o caminho do oraculista exige responsabilidade e sensibilidade para lidar com as dores humanas. Cada pessoa traz uma história única, repleta de sonhos, expectativas, alegrias e decepções, e, por meio da consulta oracular, temos a oportunidade de tocar o que há de mais precioso e único em outra alma humana. Suas palavras podem levar o alento da cura a alguém que tanto precisa, ou tocar feridas e dores que às vezes o outro nem sequer conhece ainda.

Lembre-se disto: todos devem deixar a leitura oracular em um estado de espírito melhor do que quando entraram, por mais difícil que possa ser. É essencial que você faça desse princípio sua lei.

Por isso, é importante lembrar que esse é apenas o início de uma jornada de toda uma vida. Todo oraculista consciente de sua missão sabe que está em constante formação e aprimoramento, e nunca descarta uma oportunidade para aprender.

Há dois processos de aprendizado que devem caminhar juntos nessa trajetória: um deles é o estudo formal e a busca pelo conhecimento daqueles que compartilham desse caminho conosco. Nas Referências Bibliográficas a seguir, você encontrará diversos títulos de obras e artigos importantes que enriquecerão sua compreensão sobre o Baralho Cigano, trazendo-lhe novos olhares sobre essa ferramenta de autoconhecimento. O segundo processo de aprendizado é pessoal e íntimo, e acontece por meio da sua relação pessoal com o oráculo e, principalmente, de um compromisso interior em seguir pela vida na postura de um aprendiz de seus mistérios, nunca deixando de trabalhar por sua evolução e consciência – o autoconhecimento.

Sempre há mais para aprender e descobrir – a jornada é inesgotável, e a riqueza do caminho se renova a cada novo passo que damos. Disso, os povos ciganos sabiam bem: o sentido da vida está no movimento, no próprio caminhar.

Assim, dou a você as boas-vindas a este caminho de beleza, e deixo aqui meus sinceros desejos de que o Baralho Cigano seja uma ponte de transformação pessoal capaz de fazer florescer aquilo que há de mais luminoso e verdadeiro dentro de você.

Todo oraculista é um mensageiro, um porta-voz de uma antiga sabedoria que traz o bálsamo para aplacar as dores da vida e preenchê-la de significado.

Que essa antiga sabedoria possa mover suas mãos e se expressar em seu olhar e suas palavras toda vez que as cartas forem embaralhadas e interpretadas!

ANDRÉ MANTOVANNI, outono de 2020

REFERÊNCIAS BIBLIOGRÁFICAS

BENHAM, William G. *Playing Cards: History of the Pack and Explanations of Its Many Secrets*. Worcestershire: Read Books Ltd., 2019.

CHEVALIER, J.; GHEERBRANT, A. *Dicionário de Símbolos*. 11ª ed. Rio de Janeiro: José Olympio, 1997.

COOPER, P. *Gypsy Magic: A Romany Book of Spells, Charms, and Fortune Telling*. São Francisco: Weiser Books, 2002.

DECKER, Ronald et al. *A Wicked Pack of Cards*. Nova York: St. Martins Press, 1996.

DEE, Jonathan. *Fortune Telling with Playing Cards*. Nova York: Sterling, 2004.

DUNN, Patrick. *Cartomancy with the Lenormand and the Tarot: Create Meaning and Gain Insight from the Cards*. Woodbury: Llewellyn, 2013.

ENGE, Erna D. *The Oracle of Mele. Lenormand*. Krummwisch: Königsfurt-Urania Verlag, 1989.

FERNANDES, Patrícia. *Desvendando o Tarô: Estudo Comparado dos Tarôs e do Baralho Cigano*. 3ª ed. Rio de Janeiro: Pallas, 2003.

GOODWIN, Tali; KATZ, Marcus. *Learning Lenormand: Traditional Fortune Telling for Modern Life*. Woodbury: Llewellyn, 2013.

JARIMBA, Patrícia. *A Magia do Baralho Cigano: Clarifique o Passado, Simplifique o Presente e Antecipe o Futuro*. 4ª ed. Lisboa: Planeta, 2018.

KAPLAN, S. R. *Mele Lenormand – Fortune Telling Cards Instruction Booklet*. Suíça: AGM Müller, 1970.

KAPLAN, S. R. *Tarô Clássico*. 9ª ed. São Paulo: Pensamento, 1999.

LEPLETIER, Alexander. *História e Estrutura do Baralho Cigano*. YouTube. Disponível em: https://www.youtube.com/watch?v=WgoEtAOQ3RE. Acesso em: 2 maio 2020.

LEPLETIER, Alexander. *O Jogo da Esperança, um Jogo que Virou Oráculo*. Disponível em: http://www.clubedotaro.com.br/site/h23_20_cigano_Alexsander.asp. Acesso em: 30 abr. 2020.

LORELEI, L. *Gypsy Fortunes: Use the Magic of Romany Cards to Foretell the Fortune*. S. l.: Barrons Educacional Series Inc., 2003.

MANTOVANNI, A. *Os Astros Guiam o seu Destino: Astrologia Prática para Descobrir o Propósito da Vida*. São Paulo: Pensamento, 2020.

MANTOVANNI, A. *Tarô Cigano*. São Paulo: Isis, 2015.

MARTINEZ, Margarita F. *Cartas Ciganas: A Estrada da Vida*. São Paulo: Pensamento, 1997.

MAZZA, Odete L. *Baralho Petit Lenormand*. 2ª ed. Lisboa: Capital Books, 2015.

MOURA, Miriam L. *Enciclopédia do Ocultismo. As Ciências Proibidas: Adivinhação: Os Segredos do Vidente*. v. 6. Rio de Janeiro: Século Futuro, 1987.

OUSPENSK, Y. P. D. *The Symbolism of the Tarot*. Nova York: Dover Publications, 1976.

PARKER, J. *Gypsy Fortune Telling Cards*. Londres: Quadrille Publishing, 2004.

PLACE, R. M. *A New Revelation About the Origin of the Lenormand*. Disponível em: https://burningserpent.wordpress.com/2014/08/19/a-history-of-oracle-cards-in-relation-to-the-burning-serpent-oracle-and-a-new-revelation-about-the-origin-of-the-lenormand-by-robert-m-place/. Acesso em: 30 abr. 2020.

PLACE, R. M. *The Tarot: History, Symbolism, and Divination*. Los Angeles: Jeremy P. Tarcher, s. d.

POLLACK, Rachel. *The Burning Serpent Oracle: A Lenormand of the Soul*. Nova York: Hermes Publications, 2013.

RITO, Sofia. *Segredos do Baralho Lenormand*. São Paulo: Nascente, 2019.

SPACASSASSI, Geraldo. *Baralho Petit Lenormand: Pesquisa sobre a Origem, a Estrutura e o Simbolismo Autêntico*. Rio de Janeiro: Mandala, 1996.

Instagram: @andremantovanni

Facebook: andremantovannioficial

YouTube: andremantovannitv

Site: andremantovanni.com.br